KB133977

10대에게 ★ 권하는
법학

10대에게 권하는 법학

초판 1쇄 발행 2022년 10월 7일
초판 2쇄 발행 2024년 1월 10일

지은이 전제철 **펴낸이** 김종길
펴낸 곳 글담출판사 **브랜드** 글담출판

기획편집 이경숙 · 김보라 **영업** 성홍진
디자인 손소정 **마케팅** 김지수 **관리** 이현정

출판등록 1998년 12월 30일 제2013-000314호
주소 (04029) 서울시 마포구 월드컵로8길 41 (서교동 483-9)
전화 (02) 998-7030 **팩스** (02) 998-7924
블로그 blog.naver.com/geuldam4u **이메일** geuldam4u@geuldam.com

ISBN 979-11-91309-28-7 (43360)

책값은 뒤표지에 있습니다.
잘못된 책은 바꾸어 드립니다.

일러두기
이 책에 사용한 그림과 사진에서 공유저작물(Public Domain)은 따로 기재하지 않았습니다.
일부 저작권 확인이 안 된 경우 저작권자가 확인되는 대로 별도의 허락을 받도록 하겠습니다.

※ 본 연구는 2021년도 부산교육대학교 연구역량지원과제로 지원을 받아 수행되었음

만든 사람들 ──────────────
책임편집 김윤아 **디자인** 정현주

글담출판에서는 참신한 발상, 따뜻한 시선을 가진 원고를 기다리고 있습니다. 원고는 글담출판
블로그와 이메일을 이용해 보내주세요. 여러분의 소중한 경험과 지식을 나누세요.

우리 사회에 법은 왜 필요한가요?

10대에게 ★ 권하는 법학

전제철 지음

법은 왜 지켜야 하며 어떻게 만들어졌을까?
사회를 유지하는 법에 대해 알아보아요.

글담출판

여러분은 '법'이라고 하면 어떤 생각이 떠오르나요? 우리가 사는 세상에 '법'은 왜 존재할까요? 그리고 '법'을 연구하는 학문인 '법학'은 어떤 학문일까요?

사람들은 보통 너무나도 선한 사람을 일컬어 "저 사람은 법 없이도 살 사람이야!"라고 합니다. 그렇게 말하는 이유는 '법'을 나쁜 일을 하지 못하도록 하는 것이라는 인식이 깔려 있기 때문입니다. 그런데 '법'은 내가 누군가에게 나쁜 일을 하지 못하도록 막을 뿐만 아니라 나쁜 일을 하는 누군가로부터 나를 보호해주기도 합니다. 법은 내가 지켜야 하는 것이기도 하지만, 법을 지키지 않는 사람으로부터 나를 보호하기 위해서도 법이 필요하다는 말입니다. 그래서 아무리 선한 사람도 법 없이는 살 수가 없습니다. 결국 법은 사회의 질서를 유지하여 사회구성원들의 권리를 지키고 보호하기 위해 존재하는 것이라고 할 수 있습니다.

독일의 유명한 법학자 루돌프 폰 예링(Rudolf von Jhering)은 그의 저서 《권리를 위한 투쟁》(1872)에서 "권리 위에 잠자는 자는 보호받지 못한다"라는 유명한 말을 남겼습니다. 이 말은, 자신의 권리를 지키기 위해서는 스스로가 자신의 권리를 잘 알고, 스스로 자신의 권리를 지키도록 노력해야 한다는 의미입니다. 그리고 자신의 권리가 무엇인지 알고 자신의 권리를 지키기 위해서 알아야 하는 것이 바로 '법'입니다. '법' 속에는 나의 권리를 지키기 위한 방법이 있기 때문입니다.

법을 연구하는 학문인 법학은 결국 사회 구성원들의 질서를 유지해 주는 '법'이 무엇이며, 세상이 변화함에 따라 법을 어떤 방향으로 만들어나가는 것이 바람직한지 따위를 연구하는 학문입니다. 법질서와 법 현상 따위를 연구하는 학문이 법학인 것이지요. 법은 우리 삶의 모든 분야와 관련되어 있습니다. 그래서 세상에 법과 관련되지 않은 분야는 거의 없습니다. 법을 공부한다는 것은 세상의 질서를 공부하는 것이고, 이러한 질서와 연결되어 있는 인간 세상을 이해하는 것입니다. 그래서 여러분은 장래에 법학을 전공하거나 법률가가 되지 않는다고 하더라도, '법'에 대한 기본적인 상식은 갖추고 있어야 하고 교양으로서의 법학에 대한 기본적 소양은 갖추고 있어야 합니다.

라틴어 법언에는 "법률의 무지는 용서받지 못한다(IGNORANTIA JURIS NON EXCUSAT)."라는 말이 있습니다. 어떤 범죄를 저지르고 그 행위가 범죄가 되는지 몰랐다 하더라도 처벌을 면할 수 없다는 의미입니다. 그러니 일반인도 기본적인 법적 상식은 당연히 가지고 있어야 억울한 일을 당하지 않을 테니까요.

우리가 살아가는 현대 사회는 민주주의 사회입니다. 학교 수업 시간이나 신문 등에서 우리 사회가 민주주의 사회여야 하고 국가는 민주적으로 운영되어야 한다는 말을 수도 없이 들었을 것입니다. 그런데 민주주의 사회도 법치주의에 의해 통제를 받아야 한다는 말도 들어보았는지요?

보통 사람들이 민주주의라고 말할 때, 이는 다수결을 의미합니다. "민주적으로 합시다!"라는 말은 곧 "다수결로 합시다!"라는 말과 일맥상통합니다. 그런데 민주주의 사회에서 다수결로 결정한 사안은 반드시 따라야 할까요? 다수결로 결정한 것은 반드시 정의로운 것일까요?

인간이 매우 합리적인 존재라고 가정한다면 다수결로 결정한 것이 대부분 정의롭고 바람직한 것일 것입니다. 그런데 과연 인간이 합리적인 존재라고만 할 수 있을까요? 여기에 대해 사회심리학자 솔로몬 애쉬(Solomon Asch)는 1955년에 동조실험을 통해 개인은 자신의 합리적 결정보다는 집단의 의사결정에 순응해, 자신의 의견이 옳다는 생각을 쉽게 버리고 집단의 의사결정에 동조하는 경향이 있음을 밝혀냈습니다. 이처럼 개인이 집단의 의사 결정에 쉽게 순응하는 경향으로 인해 과거 역사에서 너무도 어처구니 없는 결정을 하고, 그 결정이 돌이킬 수 없이 끔찍한 결과로 이어지기도 했습니다. 결국 인간은 합리적인 존재라고만 볼 수 없어서 다수결로 결정하는 것이 반드시 옳은 선택을 보장해 주지는 못합니다.

민주주의는 다수결로 무엇인가를 결정하려 하지만, 다수결로 결정한 것이라고 해서 그것이 반드시 정의로운 것은 아닙니다. 다수가 지지한다고 해서 옳고 그름이 뒤바뀌는 것도 아닙니다. 인류는 역사를 통해서 다수결로도 바꿀 수 없는 핵심적인 가치가 있음을 깨닫게 되었습니다. 그래서 다수결로도 함부로 바꿀 수 없는 그 핵심적인 가치를 헌법이나 법률로 표현하게 되었지요. 결국 법치주의라는 것은 다수결로도 함부로 침범할 수 없는 핵심적인 가치를 지키기 위해 존재하는 것입니다. 법치주의는 민주주의를 보완하는 역할을 합니다. 민주주의는 법치주의에 의해 보완될 때 더욱더 완전해지는 것입니다. 민주주의와 법치주의는 우리 현대 사회를 이끌어가는 쌍두마차입니다. 그래서 진정한 민주주의를 실현하기 위해서는 법치주의에 대한 이해와 실천이 있어야 합니다.

이 책을 통해 청소년 여러분들이 민주주의와 법치주의를 균형적으로 이해하고, 법학에 대해 더욱 관심을 가질 수 있기를 기대합니다.

차례 Contents

CHAPTER 01

법이란 무엇일까요

법이라고 하면 잘못한 사람을 처벌하는 규칙이라고 생각하기 쉽습니다. 하지만 법은 우리가 사는 사회와 나라의 형태, 중요한 가치 등을 규정하는 일종의 규범입니다. 법은 우리 사회가 혼란에 빠지지 않도록 막고 공평하고 정의롭게 움직이도록 하는 장치이지요. 법이 없다면 우리는 지금처럼 안정된 사회에서 살 수 없었을 것입니다. 따라서 법은 단순히 잘못된 행동을 한 사람을 처벌할 때뿐만 아니라, 갈등이 일어나기 전에 예방할 때도 중요한 요소이지요. 이번 장에서는 법이 무엇인지, 법은 어떤 가치를 중시하는지를 알아보겠습니다.

법은 모두가 지켜야 하는 규범이에요

'법'이라고 하면 딱딱하고 어렵게 들리지만, 쉽게 말하면 사회 구성원들이 지켜야 할 사회적인 규범입니다. 우리는 이 규범을 지켜야 할 의무가 있지요. 만약 어기면 벌금을 내거나 교도소에 가야 합니다. 그렇다고 법이 우리에게 벌을 주기 위해 존재하는 것은 아닙니다. 법이 없다면 힘센 사람이 더 약한 사람의 자유와 권리를 빼앗아도 막을 방법이 없습니다. 그러면 언젠가 사회는 약육강식의 법칙으로만 움직이는 세계가 되겠지요. 그래서 어떠한 분쟁, 즉 다툼이 발생하기 전에 모든 사람의 자유와 권리를 보장하기 위해서 법이 만들어졌습니다.

하지만 사람들 사이에 이미 분쟁이 일어났다면 그때는 법이 다툼을 공정하게 해결하는 역할을 합니다. 다시 말해 법은 정의로운 사회를 만들고, 우리가 안전하고 편안하게 생활할 수 있도록 해줍니다. 법이 잘 지켜지는 사회일수록 정의롭고 안정된 사회라고 할 수 있지요.

법은 세상을 규율하고, 계약은 사람 사이의 관계를 정해요

법이나 규범이라는 말이 추상적이고 뜬구름 잡는 것처럼 느껴질 수도 있으니 한번 예를 들어볼게요. 학급 회의를 통해 우리 반에서는 남학생과 여학생이 분단을 나누어 따로 앉도록 학급 규칙을 만들었다고 해봅시다. 이 규칙은 우리 학급 내에서는 법과 같은 효력이 있지요. 그런데 이 규칙을 만든 후에 새로 전학을 온 친구들이 있다면, 이 친구들은 우리 학급 규칙을 지켜야 할까요? 규칙을 만들 때 참여하지 않았으니까 말이에요.

결론부터 말하자면, 새로 온 친구들도 규칙을 지켜야 합니다. 왜냐하면 이 규칙은 우리 학급 내에서는 법으로서의 효력이 있기 때문이에요. 우리 학급의 구성원이 된 이상 반드시 지켜야 하지요. 다시 학급 회의를 열어서 그 규칙을 바꾸기로 결의하지 않은 이상, 규칙이 만들어지고 난 이후에 전학 온 학생도 우리 학급 규칙을 지켜야 합니다.

그런데 법과 구분해서 생각해 볼 사례가 있어요. 혹시 계약이라는 말을 들어보셨나요? 계약이라고 하면 굉장히 전문적이고 어른들이나 하는 일처럼 느껴지지만, 실은 우리도 일상에서 늘 계약을 하고 있어요. 문구점에서 노트나 펜을 사거나 편의점에서 간식을 살 때마다 매매 계약을 체결하는 것이거든요. 펜이나 노트처럼 작은 것을 살 때는 계약서를 일일이 쓸 필요 없이 내가 '사겠다'고 하고, 주인이 '팔겠다'고 하면 계약이 성립됩니다. 하지만 땅이나 집처럼 매우 큰 금액을 지불해야 하거나 별도의 권리 이전 절차가 필요한 물건을 사려면 계약서를 씁니다. 그리고 계약을 지키지 않으면 불이익을 입지요.

계약도 일단 하면 지켜야 하고 지키지 않으면 불이익을 입는데, 그렇다면 법과 똑같다고 볼 수 있지 않을까요? 결론부터 말하자면 그렇지 않습니다. 법과 계약의 차이를 자세히 살펴보면 법이 무엇인지 더 잘 알 수 있어요. 계약이란 그에 참여하는 사람들의 의사표시가 합치되면 성립하는 일종의 약속입니다. 위에서 든 예를 다시 한번 살펴보면, 문구점 주인의 '팔겠다'는 의사와 우리가 물건을 '사겠다'는 의사가 합치되는 경우에만 계약이 성립되지요. 우리가 물건 가격을 너무 비싸다고 생각해 깎아달라고 했지만 문구점 주인이 가격을 깎아주지 않을 경우, 혹은 우리는 한 개만 사고 싶은데 세 개씩 사야 한다면 계약은 성립되지 않습니다. 이처럼 계약은 서로 의견이 일치하여 약속에 참여한 사람에게만 효력을 미칩니다.

법은 국민의 대표자가 만들어요

법은 어떤 집단에 소속된 구성원들이 모두 지켜야 하는 약속을 의미합니다. 각각의 구성원이 직접 명시적으로 약속하지 않아도 그 집단에 법이 있다면, 그 구성원은 소속된 집단의 법을 지켜야 하는 의무가 발생합니다. 즉 법은 만들 때 직접 참여하지 않은 사람이라도 사회에 소속되었다는 이유만으로 법을 지켜야 할 의무가 있습니다. 어려운 말로 계약은 대인효(代人效, 사람에 대한 효력, 계약에 참여하여 동의한 사람을 구속하는 효력)가 있고

• 국회의사당 내부 모습 •

민주주의 사회에서는 선거를 통해 선출된
국민의 대표자가 의회에서 법을 제정합니다.

법은 대세효(對世效, 세상에 대한 효력, 집단의 구성원이면 법의 제정에 반대한 사람이라도 구속하는 효력)가 있다고 말하기도 합니다. 계약은 그 계약에 참여한 사람에게만 효력이 있지만, 법은 그 집단의 구성원 모두에게 효력을 미친다는 뜻입니다.

어쩌면 법의 제정에 직접 참여하지 않았는데도 법을 지켜야 한다는 점이 부당하다고 생각할 수 있습니다. 그래서 민주주의 사회에서는 모든 국민에게 효력을 미치는 법을 제정할 때 선거를 통해 선출된 국민의 대표자가 의회에서 법을 제정하도록 하고 있지요.

법을 만드는 일은 제정, 고치는 일은 개정이라고 해요

어떤 법을 최초로 만들 때 법을 제정(制定)한다고 합니다. 예를 들어, 대한민국의 최고 법인 헌법은 1948년에 처음으로 제정되었기에 이 헌법을 제헌 헌법이라고 불러요.

이렇게 만든 법도 시대 상황에 따라 조금씩 수정이 필요할 때가 있어요. 법을 개정(改定)하는 것이지요. 우리나라의 헌법은 1948년 제정된 이래 아홉 번에 걸쳐 개정되었기에 지금의 헌법을 9차 개헌 헌법이라고 부릅니다.

사회를 유지하기 위해
법은 어떤 가치를 추구하나요

　법이 존재하는 이유가 무엇이냐는 질문을 들으면 '정의를 세우기 위해 서'라고 생각하기 쉬워요. 흔히들 법은 잘못한 사람에게 벌을 주는 수단 이라고 생각하기 때문이지요. 하지만 법이 정의만을 추구한다고 생각해 서는 안 됩니다. 법 격언 중에는 "정의의 극치는 부정의의 극치이다."라는 말이 있어요. 극도로 정의만을 추구하다 보면 오히려 정의롭지 못한 결과 를 불러오게 된다는 의미입니다. 이는 법이 만들어지고 집행될 때 정의 이 외에도 고려해야 할 다른 요소가 있음을 의미합니다.

　그렇다면 법은 무엇을 위해 만들어졌을까요? 모두가 생각하는 것처럼 법은 정의를 세우기 위해 만들어졌지만, 한편으로는 사회를 안정적으로 유지하기 위해 만들어진 것이기도 합니다. 그래서 독일의 법철학자 라드 부르흐(G. Radburch, 1878~1949)는 법의 이념을 정의, 합목적성, 법적 안 정성의 세 가지로 정리했습니다. 정의는 무엇인지 대충 알겠는데, 합목적성이나 법적 안정성이라는 말은 조금 생소하지요? 이에 대해서 하나씩 살펴보도록 하겠습니다.

같은 것은 같게, 다른 것은 다르게 대우하는 '정의'

법이 추구하는 궁극적인 이념은 '정의'라고들 합니다. 법은 정의를 실현하기 위한 사회 규범이기 때문이지요. 그렇다면 정의란 무엇일까요? 쉬운 질문 같지만, 막상 정의가 무엇인지 일률적으로 말하기는 어렵습니다. 사람의 관점에 따라 혹은 시대와 상황에 따라 정의의 기준이 달라지기 때문이에요.

고대 그리스의 철학자 아리스토텔레스(Aristoteles, 기원전 384~322)는 정의의 본질이 평등이라고 하면서, 모든 인간을 동등하게 취급하는 평균적(平均的) 정의와 능력과 공헌도에 따라 차등 대우하는 배분적(配分的) 정의로 구분했습니다. 정의가 다 정의지, 도대체 평균적 정의와 배분적 정의는 뭘까요?

세금으로 예를 들어보겠습니다. 세금 중에는 저마다 가진 재산에 대해 내는 세금이 있습니다. 이를 재산세라고 하지요. 재산이 많은 사람이나 적은 사람이나 모두 똑같이 보유한 재산의 1퍼센트를 매년 세금으로 내게 한다면, 이는 평균적 정의를 실현한 것입니다. 반면에 재산을 적게 가진 사람은 1퍼센트의 세금을 내게 하고, 재산을 훨씬 더 많이 가진 사람에게는 2퍼센트 혹은 그 이상의 세금을 내게 하는 것은 배분적 정의를 실현한 것입니다.

· 고대 그리스의 철학자 아리스토텔레스 ·

그렇지만 정의의 본질을 평등이라고 정의하더라도, 구체적인 상황에서 평등의 의미를 파악하기는 쉽지 않습니다. 평등은 '같은 것은 같게, 다른 것은 다르게' 대우하는 것입니다. 그런데 평균적 정의는 모두를 똑같이 대우해야 한다는 절대적 평등을 요구하고, 배분적 정의는 그 사람이 처한 상황에 따라 다르게 판단하는 상대적 평등을 요구하고 있어서 어떻게 대우하는 것이 평등한 것인지는 시대나 상황에 따라 다를 수밖에 없습니다.

과거에는 공무원을 뽑을 때 평균적 정의에 따라 장애인이나 일반인이나 차이를 두지 않고 같은 기준에 따라 시험을 쳐서 평가했습니다. 이는 절대적인 평등이지요. 하지만 최근에는 배분적 정의에 따라 장애인에게는 별도의 기준을 설정하여 사회적 약자인 장애인의 채용이 늘어날 수 있도록 배려하고 있습니다. 이처럼 정의와 관련해서는 '같은 것은 같게, 다른 것은 다르게' 대우하는 것, 즉 합리적 차별의 기준을 공정하게 설정하는 것이 가장 어렵고도 중요한 문제입니다.

우리가 원하는 사회를 만들기 위한 '합목적성'

앞서 법의 이념에 합목적성이 있다고 이야기했지요. 조금 어려운 말처럼 들릴 수 있지만 합목적성이란 '목적에 맞도록 방향을 설정하는 것'을 의미해요. 법이 따라야 할 가치 또는 기준으로, 국가나 사회가 지향하는 목적에 맞도록 방향을 설정하는 것을 의미합니다. 합목적성, 즉 법이 따라야 할 가치 또는 기준은 시대와 사회의 지배적 가치관에 따라 달라집니다.

한번 예를 들어볼게요. 여러분은 자유와 평등 중에서 무엇이 더 중요하다고 생각하나요? 물론 자유와 평등 모두 중요한 가치입니다. 하지만 때로는 두 가치가 충돌할 수도 있어요. 특히 경제적인 영역에서는 더욱 그렇지요. 역사적으로 근대 초기, 대략 18세기 중후반부터 19세기 초까지는 '자유'를 중시했습니다. 시장에서 경제 활동을 하는 개인의 자유를 존중해, 국가는 경제 영역에 거의 개입하지 않는 것이 옳다고 생각했지요. 이러한 근대 초기의 정책 방향을 '자유방임주의'라고 부릅니다.

그런데 시간이 지나자 빈익빈 부익부 현상이 나타나고 부자와 가난한 사람 사이의 갈등이 극심해졌습니다. 그래서 사람들은 국가가 개입하여 아무리 가난한 사람이라도 인간다운 생활을 할 수 있도록 보장해 주어야 한다고 생각하게 되었습니다. 그렇게 '복지국가의 원리'가 등장하게 되었지요. 우리나라 헌법의 원리이기도 한 복지국가의 원리는 국가가 모든 국민이 건강하고 문화적인 최저생활을 할 수 있도록 책임을 지고, 그것이 국민의 권리로 인정되어야 한다는 원리입니다.

이처럼 합목적성의 원리에 따라 과거에는 국민의 자유에 치중하여 법과 제도를 만들었다면, 지금은 자유와 함께 평등의 원리로서 자유를 보완하는 복지국가의 원리를 채용하게 되었습니다.

모든 법이 합목적성을 띠기는 하지만, 법에서 합목적성을 고려한 대표적인 사례를 한 가지 살펴볼게요. 학교에는 국어, 영어, 수학, 과학, 사회 같은 과목 외에도 도덕이나 윤리 같은 인성 교육을 위한 과목이 있지만, 학원에서는 국어나 영어, 수학처럼 시험 점수에 큰 영향을 미치는 과목만을 주로 가르치지요. 혹시 이런 생각을 해본 적이 있을지 모르겠습니다. 왜 학원에서는 도덕 과목을 가르치지 않을까요?

학교에서 이루어지는 공교육은 학력 향상과 동시에 바른 인성의 함양을 목적으로 합니다. 그래서 학교에서 무엇을 가르쳐야 하는지 규제하는 법률, 가령 '초·중등교육법'에서는 바른 인성을 길러 주는 수업을 의무적으로 편성하도록 강제하고 있습니다. 공교육 과정에서는 '학력 향상과 인성 함양'이라는 목적이 뚜렷하기에, 도덕 등의 과목을 가르치도록 강제하는 것이 합목적적이지요.

하지만 학원은 학교에서는 배울 수 없는 지식이나 기술 혹은 예체능 등을 배우기 위해 다니는 곳입니다. 학원에는 초·중등교육법이 아니라 일명 '학원법'이라고 불리는 '학원의 설립·운영 및 과외교습에 관한 법률'이라는 별도의 법률이 적용됩니다. 학원의 존재 이유가 학교와는 다른 만큼, 학원에서 인성 교육 수업을 의무적으로 실시하도록 하는 것은 합목적성에 맞지 않는 것이지요.

현재 상태를 존중하는 '법적 안정성'

여러분은 장래 희망이 무엇인가요? 유튜브 크리에이터가 되고 싶을 수도 있고, 판사나 검사, 변호사가 되고 싶은 친구도 있을 거예요. 물론 학교 선생님이 되고 싶어 하는 친구도 있겠지요. 만약 초등학교 선생님이 되고 싶다면, 선생님이 될 수 있도록 그에 맞는 수업을 듣고 시험에 응시해서 합격해야 합니다. 또 대학교도 일반 대학교가 아니라 교육대학교에 입학해 4학년까지 마쳐야 임용시험을 칠 자격을 얻게 됩니다.

그런데 일반 공무원 시험의 경쟁률이 지나치게 높아지자, 상대적으로 경쟁률이 낮은 초등학교 교원 임용시험도 일반 공무원 시험처럼 교육대학교 졸업생만이 아니라 일반인까지 응시할 수 있도록 해야 정의롭다는 여론이 생겼다고 가정해 봅시다. 그래서 이 여론을 반영해, 교육대학교를 졸업하지 않은 일반인도 초등학교 교원 임용시험에 응시할 자격을 부여하도록 법을 개정한다면 어떻게 될까요?

얼핏 보면 별것 아닌 것처럼 느껴지지만, 실제로 이렇게 되면 엄청난 혼란이 벌어질 것입니다. 교육대학교에 가지 않아도 임용시험을 칠 수 있으니, 교육대학교 재학생은 학교를 중퇴할 수도 있고, 교육대학교를 졸업하지 않고 회사에 다니던 사람 중에도 직장을 그만두고 임용시험에 매달리는 사람이 나올 거예요. 그러면 교육대학교는 존재해야 할 이유를 잃어 폐교될 것이고, 교육대학교에 근무하는 직원은 일자리를 잃게 되겠지요. 이런 혼란한 상황을 법학에서는 '법적 안정성이 깨어졌다'고 말합니다.

법적 안정성이란, 사회생활이 법에 의해 보호되고 보장되어 안전하게 이루어지고 있음을 의미합니다. 법적 안정성이 높을수록 현재의 법질서가 흔들리지 않고 어느 행위가 옳은지, 어떤 권리가 보호되는지 사회 구성원에게 명확히 알려진 상태이지요. 법적 안정성이 유지되려면 법의 내용이 명확하고 법이 함부로 바뀌지 않으며, 실제로 실현될 수 있으면서 국민의 법의식과 합치되어야 합니다.

이러한 법적 안정성이 반영된 대표적인 제도가 형사상 공소시효 제도와 민사상 소멸시효 같은 제도입니다. 범죄를 다룬 영화나 드라마를 보면 종종 '공소시효'라는 말이 나오지요? 공소시효란 어떤 범죄가 일어난 뒤 오랜 시간이 지나면 공소(범죄에 대한 재판) 제기를 허용하지 않는 제도입니다. 예를 들어 남의 물건을 훔쳐 성립하는 범죄인 절도죄는 절도가 일어난 뒤 7년이 지나면 범인을 찾아도 공소를 제기할 수 없도록 규정되어 있어요. 재판을 청구할 수도 없으니 범죄자에게 절도죄로 유죄 판결을 내릴 수도 없게 됩니다. 잘못을 저질렀는데 왜 처벌할 수 없을까요? 여러 이유가 있지만 시간의 경과에 따라 발생한 실제 상태를 존중하고, 시간이 오래 지나면 증거가 사라지거나 증인의 기억이 흐려지기 때문에 증거 판단이 곤란하다는 점 등을 고려한 것입니다.

민사상 소멸시효 역시 공소시효와 비슷합니다. 오랫동안 행사되지 않는 권리의 행사를 제한하는 제도이지요. 예를 들어 돈을 빌려준 사람이 10년 이상 돈을 갚으라는 요구를 하지 않다가 갑자기 돈을 갚으라고 요구할 경우, 돈을 빌린 사람은 소멸시효를 주장하여 돈을 갚지 않을 수 있습니다.

균형 잡기, 법학의 영원한 과제

법의 이념인 정의와 합목적성, 법적 안정성 중에 어느 한 가지가 최고라고 말하기는 어렵습니다. 극단적으로 정의만 강조하는 경우 "정의만이 통치의 기초이다."라거나, "세상이 망하더라도 정의는 세우라."라고 주장할 수 있습니다. 반면 합목적성을 강조하면 "국민이 원하는 것이 법이다."라거나, "민중의 행복을 위한 법이 최고의 법이다."라고 주장하게 됩니다. 또 법적 안정성을 강조하는 사람들은 "악법도 법이다."라고 하거나, "정의의 극치는 부정의의 극치이다."라고 합니다. 이처럼 정의, 합목적성, 법적 안정성이라는 세 가지 이념은 상호 모순되면서도 협력과 보완이 요구되는 관계입니다.

우리 역사를 살펴볼까요. 이승만 정부의 3.15 부정선거로 인해 발발한 4.19 혁명은 정의를 실현하기 위한 시민의 저항권 행사였다고 평가되고 있습니다. 하지만 이러한 저항권 행사를 빈번하게 주장한다면 정의의 관점만을 강조하여 법적 안정성을 해치는 결과를 가져옵니다. 그렇다고 국회에서 의결된 법률은 국민의 대표자들이 정한 법이니 무조건 지켜야 한다거나, 소크라테스가 말했다고 알려진 것처럼 악법도 법이니 무슨 일이 있어도 지켜야 한다고 주장한다면 법적 안정성을 지키는 데 치우친 나머지 정의를 해치게 됩니다.

또한 합목적성을 강조하다 보면 정의와 법적 안정성을 해치게 됩니다. 예를 들어 어느 나라에 갑자기 마약 중독자가 급증하고 있어서 심각한 문

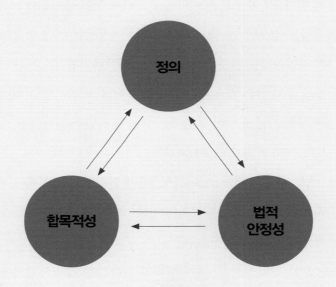

법은 정의로워야 하며, 이루고자 하는 목적에 합치해야 하고,
너무 크게, 자주 바뀌어서 법적 안정성을 해쳐서도 안 됩니다.

제가 되고 있다고 가정해 봅시다. 그래서 국회의원들이 모여 '마약과의 전쟁'을 선포하고, 마약 거래상을 발견하는 즉시 일반인도 마약상을 총으로 사살할 수 있는 권한을 부여하는 '마약과의 전쟁을 위한 법률'을 통과시켰다면 어떻게 될까요? 이 법률은 마약을 퇴치하여 국가와 사회를 보호하겠다는 합목적성을 강조한 나머지 정의와 법적 안정성을 해친 법률입니다. 아무리 나쁜 사람이라도 인간이기에 보호받아야 할 인권이 있는데 그러한 인권을 보장해 주지 않은 것은 정의에 반한 것이며, 마약사범도 적법한 절차에 따라 수사와 재판을 받아야 함에도 그러한 적법한 절차를 어기는 것은 법적 안정성에도 반하기 때문입니다.

법의 세 가지 이념인 정의, 합목적성, 법적 안정성을 어떻게 조화롭게 해석하여 적용하느냐 하는 문제는 법률가들이나 법학도들에게 오래된 과제이며 현재도 진행 중인 과제입니다.

우리나라에서는 2017년에 '동학농민혁명 참여자 등의 명예회복에 관한 특별법'이 개정되었는데요, 이때 동학농민혁명에 참여하여 피해 입은 분들의 유족을 찾아내어 적극적으로 금전 보상을 해야 한다는 주장은 정의를 강조하는 입장입니다. 하지만 이에 대해 반대하는 사람도 있었습니다. 동학농민혁명 운동은 너무 오래 지난 일이고, 만약 이러한 일까지 보상한다면 임진왜란 의병 참여자의 유족까지 찾아내거나, 심지어 고려시대 만적의 난 피해자의 유족까지 찾아내어 보상해야 한다고 주장한 것이지요. 즉 너무 오래 지난 일에 대한 보상은 법적 안정성에 반한다는 입장입니다.

법이라고 무조건 따라야만 할까요

　민주주의는 모든 사람이 동등한 입장에서 대화와 토론을 통해 갈등과 문제를 해결합니다. 과거에는 권력을 가진 왕이나 그에 준하는 지도자가 중요한 결정을 내렸지요. 하지만 민주주의 원칙 아래서 사람은 모두 평등합니다. 그래서 힘을 지닌 소수의 의견만 존중하는 것이 아니라 최대한 많은 사람, 즉 평범한 다수의 의견도 마찬가지로 존중되어야 합니다.

　하지만 어떠한 결정을 내릴 때 많은 사람의 의견을 하나로 모으기는 매우 어렵습니다. 모든 사람의 의견이 일치하는 만장일치가 불가능에 가깝다면 차선책을 고려해볼 수 있겠지요. 만장일치까지는 아니더라도 최대한 다수의 의견을 존중하는 다수결의 원리를 따르는 것입니다. 다수결이란 여러 사람이 모여 같이 무엇인가를 결정해야 할 상황에서 서로 다른 의견이 대립하는 경우 지지하는 사람이 더 많은 의견을 채택하는 의사 결정 방식을 말합니다.

그래서 우리는 흔히 일상생활에서 어떤 결정을 내릴 때 "민주적으로 합시다!"라는 말을 하곤 합니다. 이때 "민주적으로 합시다!"라는 말은 곧 다수결로 결정하자는 의미이지요. 그렇다면 여기서 조금만 더 깊이 생각해 봅시다. 다수결로 결정한 일이면 반드시 따라야만 하는 것일까요?

다수결 민주주의를 견제하는 법치주의

어떤 마을에 심각한 가뭄이 계속되고 있다고 가정해 보겠습니다. 그래서 비를 기원하는 기우제를 지내기로 했는데, 그중 누군가가 어린아이를 제물로 바쳐야 한다고 주장했습니다. 그래야 간절함이 하늘에 닿으리라고 생각한 것이지요. 마을 사람들은 이대로 가면 심각한 흉년이 들어 모두 굶어 죽을 것이라고 생각한 나머지, 다수결을 통해 마을에 사는 어린아이를 제물로 바치기로 결정해 버리고 맙니다. 그렇다면 다수결로 결정한 이상 민주적인 절차를 따랐으니 어린아이를 제물로 바쳐도 될까요?

여기서 민주주의를 견제하는 법치주의가 등장합니다. 법치주의란 국민에 의해 생겨난 정치권력을 법의 규제 아래에 둠으로써 국민의 자유와 평등, 인권을 보장하려는 사상 또는 제도를 말합니다. 이 경우에는 마을 사람들이 다수결 절차를 따랐다는 민주주의와 생명의 존엄성을 지키라고 명령하는 법치주의가 서로 대립하는 것이지요.

여러분은 어떻게 생각하나요? 다수결로 내린 결정이라면 사람의 생명을 빼앗아도 될까요? 짐작하시겠지만, 아무리 민주적인 절차에 따른 결정이라도 그 결정이 인간의 존엄성을 침해한다면 법치주의에 반하기 때문에 올바른 결정이라고 할 수 없습니다. 여기에서 민주주의와 법치주의의 관계를 추측해볼 수 있지요. 아무리 민주주의에 따른 결정이라도 법치주의에 반한다면 옳은 결정이라고 할 수 없습니다.

다수결로 독재자가 등장하는 일도 있었어요

민주주의 사회에서 공동체의 의사 결정을 위한 가장 좋은 방법은 다수결이라고 합니다. 하지만 역사적으로 볼 때 다수결이 반드시 최선의 결과를 보장해 주지는 않았습니다. 한번 생각해 보세요. 물건을 사러 갔는데 내 눈에는 A 제품이 가장 좋아 보입니다. 그런데 점원이 다가와서 B 제품이 가장 인기가 좋다고 하면, 둘 중 어떤 걸 고를까요? 처음 했던 생각대로 A를 고르는 사람도 있겠지만, 점원의 말을 듣고 B를 사는 사람도 있을 거예요. 사람들은 일반적으로 자기가 옳다고 생각하는 바를 끝까지 밀고 나가지 못하고, 더 많은 사람의 결정을 따라가는 경향이 있거든요. 때로는 대중의 이런 경향이 역사적으로 끔찍한 결과를 만들기도 했습니다. 그 대표적인 경우가 바로 독일의 히틀러가 저지른 만행들입니다.

독일은 제1차 세계대전에서 패했고, 그 결과 1919년의 베르사유 조약을 통해 엄청나게 큰 배상금을 물게 됩니다. 아무리 패전국이라고는 하

· 베르사유 조약 서명 ·

제1차 세계대전에서 패배한 독일은
프랑스의 베르사유 궁전 거울의 방에서 평화협정에 서명했습니다.
하지만 이는 제2차 세계대전의 씨앗이 되지요.

나, 매우 가혹하고 굴욕적인 내용이었지요. 이로 인해 독일인들은 제1차 세계대전에서 승리한 연합국에 적개심을 품게 되었습니다. 이때 나타난 히틀러와 나치당은 독일을 부활시키겠다고 주장했고, 이는 독일 사람들에게 큰 인기를 끌었습니다. 나치는 이러한 인기를 바탕으로 다른 의견을 지닌 정당을 몰아내고 일당 독재 체제를 만들었으며, 히틀러는 총통의 자리에 올라 권력을 손에 넣었지요.

놀랍게도 이 과정에서 다수결의 원칙에 어긋난 일은 전혀 없었습니다. 나치당의 입맛에 맞게 법을 고치고 히틀러가 총통에 오르기까지 모든 과정이 투표를 통해 이루어졌고, 당시 독일의 많은 사람이 실제로 나치당과 히틀러를 지지했거든요. 하지만 이후 독일에서는 모든 언론 및 사회단체가 나치당의 통제 아래로 들어가게 되고, 유대인에 대한 차별을 공식화하는 법안이 만들어지며, 정부에 반대하는 자들은 강제수용소에 감금되었습니다. 그리고 나치 정권은 600만 명이나 되는 유대인, 집시, 장애인, 동성애자 등을 가스실에서 학살하는 만행까지 저질렀습니다.

이미 설명한 바와 같이, 다수결에 기반한 민주주의를 견제하는 것이 법치주의입니다. 민주주의 사회에서 다수결 원칙은 만능이 아닙니다. 소수의 권리도 보호받아야 하지요. 독일의 나치당 사례는 히틀러를 선택한 다수결이 반드시 옳은 것은 아니며, 심지어 끔찍한 결과로 이어질 수 있다는 사실을 보여 준 대표적인 사례입니다.

법철학자 라드부르흐는 "악법에 복종하는 것은 범죄 행위"라고 했습니다. 독일의 정신과 의사이면서 하이데거와 함께 대표적인 실존주의 철학

• 독일의 대표적인 실존주의 철학자 카를 야스퍼스 •

자로 손꼽히는 카를 야스퍼스(Karl Jaspers, 1883~1969)도 "나치 정권의 악법에 복종한 독일 국민 전체가 전범"이라고 했습니다. 역사가 보여주었듯이 다수결의 횡포는 민주주의가 아니라 또 다른 독재일 뿐입니다. 이를 두고 '다수결 독재'라는 표현을 쓰기도 하지요.

이처럼 민주주의는 다수결에 의존하지만, 다수가 지지한다고 옳고 그름이 바뀌는 것이 아니며 반드시 정의로운 것도 아닙니다. 다수결이 남용되면 다수인 편에 있는 사람들은 자신이 절대적으로 정의롭다고 착각하게 되고, 결국 다수의 횡포로 민주주의는 실패하게 됩니다. 우리는 역사를 통해 사회에는 다수결로 바꿀 수 없는 핵심적인 가치가 존재함을 알게 되었고, 그 핵심적인 가치가 바로 헌법과 법률에 들어 있는 것이지요.

민주주의와 법치주의 사이의 균형이 중요해요

법치주의와 민주주의는 역사적으로 함께 발전해왔습니다. 민주주의의 이념인 인간의 존엄성, 자유와 평등은 법치주의에 의해 헌법에 명시되고,

모든 국민은 법으로 민주주의의 이념과 가치를 보장받으니까요. 민주주의의 이념을 법치주의가 실현하게 해준다는 점에서 양자는 상호보완적인 관계라고 할 수 있습니다. 하지만 '법의 지배'를 원칙으로 하는 법치주의와 '국민의 지배'를 원칙으로 하는 민주주의는 서로 갈등하는 측면과 보완하는 측면을 동시에 지니고 있습니다.

앞에 보았던 나치의 사례에서와 같이 국민 다수가 원하는 결정이라도 그러한 결정이 국민의 자유와 평등, 인권에 반하면 법치주의에 의해 민주주의가 제약을 받습니다. 이러한 측면에서 법치주의와 민주주의는 서로 갈등하는 관계라고도 볼 수 있습니다.

결국 민주주의와 법치주의의 상호보완적인 관계는 더욱 발전시키고, 서로 갈등하는 측면은 적극적으로 고쳐나가야 합니다. 어느 한쪽을 무조건 우선시할 수는 없는 거지요. 민주주의와 법치주의가 균형 있게 발전하기 위해서는 민주주의가 법치주의의 틀 안에서 운영되고, 민주주의의 이념이 법치주의의 틀을 통해 더욱 확고하게 보장되어야 합니다. 또한 법치주의가 형식화되지 않도록 법 규범과 법적 판단에 국민의 의사를 적극적으로 반영하여 법치주의를 민주주의의 통제 아래 두는 노력이 필요합니다.

잘못된 법은
어떻게 고쳐야 할까요

　민주주의의 핵심은 다수결이고, 민주주의가 다수의 횡포로 흘러가지 않도록 민주주의는 법치주의의 통제를 받지요. 그런데 우리가 법치주의라고는 하지만, 사실 법도 다수결을 통해 만들어진 것입니다. 국민의 대표자가 의회에 모여서 다수결로 법을 만들지요. 그러면 민주주의도 다수결이고 법을 만드는 절차도 다수결이니, 결국 민주주의나 법치주의 모두 다수결로 이루어지는 것이 아닌가 하는 의문이 들지 않나요? 그렇다면 법치주의가 어떻게 다수결을 통제할 수 있을까요? 다수결로 만들어진 법이 정의롭지 못하다면 어떻게 법을 바로 잡아야 할까요? 결국 다수결로 만든 법이라도 그 법이 타당한지를 다수결이 아닌 다른 방법으로 심판할 수 있어야 하지 않을까요?

　판사가 어떤 사건을 재판하려고 하는데 사건에 적용해야 하는 '법'이 판사가 보기에도 너무나 불합리할 경우, 판사는 그래도 그 법을 적용해 재판을 해야만 할까요? 또는 재판을 받는 사람이 자기에게 적용되는 법이 너무도 불합리하다고 생각할 경우, 그 법이 타당한지 살펴봐달라고 요구할 수는 없을까요?

다수결로 만든 법이라도 때로는 그 법이 타당한지를 다수결이 아닌 방법으로 심판해야 할 필요가 있습니다. 이미 이야기한 것처럼 법치주의도 민주주의의 통제를 받으므로, 국민의 의사와 동떨어진 법은 민주주의에 반하기에 올바른 법이라고 할 수 없습니다. 이처럼 법의 내용이 타당한지 심판하는 것이 바로 '헌법재판제도'입니다. 현대 국가는 대부분 헌법재판제도를 두어서, 국민의 대표자들이 만든 법률이 헌법에 위배되는지 판단합니다.

잘못된 법을 바꿀 수 있는 합법적인 절차가 필요해요

사실 국민의 대표자인 의회가 법을 제정하기 시작한 지는 얼마 되지 않았습니다. 왕에게 집중되어 있던 권력을 입법, 행정, 사법으로 분리하자는 주장은 18세기가 되어서야 등장했습니다. 바로 프랑스의 정치 사상가였던 몽테스키외(Montesquieu, 1689~1755)의 권력분립론 혹은 삼권분립론입니다. 몽테스키외의 이 사상은 18세기 프랑스 혁명의 사상적 기초가 되었지요.

프랑스 혁명 이전까지 법은 국왕이나 일부 신하들이 모여 만들었습니다. 법을 만드는 입법 작용이 국민이 직접 뽑은 대표자에 의해 만들어지지 않았기 때문에 민주주의에 기반한 법의 통치가 이루어졌다고 보기 어려웠지요. 프랑스 혁명 이후에야 국민의 대표자인 의회가 법을 만들게 되었고, 이때부터 근대적 의미의 법치주의가 시작되었다고 볼 수 있습니다. 하지만 근대적 의미의 법치주의가 시작된 후에도 입법부인 의회 내에서 다수결을 악용한 악법이 만들어지는 경우가 있었지요. 독일의 나치가 대표적인 예라 할 수 있습니다.

역사적으로 악법은 근대 이전에도 이후에도 있었습니다. 아마 앞으로 민주주의가 더욱 발전한다 해도 다수결을 악용한 악법은 계속해서 나올 것입니다. 그럴 때는 국민이 저항권을 행사하여 악법에 저항하는 방법도 생각해 볼 수 있겠지요? 그러나 이미 이야기한 것처럼 저항권이 너무 함부로 행사되거나 자주 행사되면 법적 안정성이 유지되지 못합니다. 그래서 악법을 개선할 수 있는 합법적인 절차가 필요해졌지요. 그 절차가 바로 헌법재판제도입니다.

우리나라는 헌법재판소에서 악법을 심판해요

사회가 달라지면 사회를 규율하는 법도 달라져야 합니다. 조선시대에는 자동차가 없었으니 이를 규율하는 자동차관리법이나 도로교통법 같은 법규를 만들 필요가 없었지만, 지금은 없어서는 안 되는 법률인 것처럼 말입

• 서울시 종로구에 있는 헌법재판소 •

헌법재판소에서는 법률이 헌법에 어긋나지 않는지,
'법률'을 심판합니다.

니다. 이처럼 법의 내용이 시대의 변화에 맞지 않거나, 법의 내용이 불합리할 경우가 있습니다. 때로는 같은 법의 내용을 두고 서로 해석이 달라 다툼이 생기는 경우도 있지요. 이럴 때는 법의 내용을 시대에 맞게 바꾸거나, 법 내용이 명확해지도록 바꾸어야 합니다. 이때 최고 법인 '헌법'이 그 기준이 되기에, 이러한 분쟁을 다루는 특별재판소의 이름도 '헌법재판소' 입니다.

우리나라 헌법재판소는 아홉 명의 재판관으로 구성되는데 대통령, 국회, 대법원장이 각각 세 명씩 선임하여 대통령이 임명합니다. 헌법재판소의 장은 대통령이 임명하되 국회의 동의가 필요하지요. 삼권분립의 정신을 충실히 반영하기 위하여 입법부, 사법부, 행정부에서 각 세 명씩 선임할 수 있도록 한 것입니다.

우리나라의 경우에는 재판에 있어서 최고법원인 대법원을 두고 이와 별도로 독립된 특별재판소인 헌법재판소를 두고 있습니다. 독일이나 오스트리아도 우리나라와 마찬가지로 독립된 헌법재판소를 두고 있지요. 미국이나 일본의 경우에는 별도로 헌법재판소를 두지 않고 대법원이 헌법재판도 같이 담당하고 있습니다.

헌법재판소에서는 어떤 일을 하나요

헌법재판소에서 하는 일에 대해 좀 더 자세히 알아볼까요? 헌법재판소는 크게 다섯 가지의 역할을 담당합니다.

우선 헌법재판소는 국회에서 만든 법률이 헌법에 어긋나지 않는지 심판합니다. 이를 '위헌법률심판'이라고 합니다. 법관은 재판에 적용될 법률이 타당하지 않다고 생각할 때 재판을 중지하고 법률의 위헌 여부를 가려달라고 헌법재판소에 신청할 수 있습니다. 그러면 헌법재판소가 법률의 위헌 여부를 심판하지요.

법관뿐만 아니라 국민도 직접 헌법재판소에 심판을 요구할 수 있어요. 국가의 공권력으로 인해 국민의 기본권이 침해되었다면, 국민이 직접 헌법재판소에 공권력이 기본권을 침해했는지 여부를 심판해달라고 하는 것이지요. 이를 '헌법소원심판'이라고 합니다. 헌법소원심판은 국가 권력의 행사로 인해 기본권이 침해되었다고 생각하는 국민이라면 누구나 청구할 수 있습니다. 실제로 2004년에는 청소년이 헌법소원을 제기한 적이 있어요. 과연 무슨 사건이었기에 청소년이 헌법소원까지 제기했던 것일까요?

우리나라 주민등록법은 만 17세 이상 국민에게 주민등록증을 발급하면서 의무적으로 열 손가락의 지문을 찍도록 하고 있습니다. 이 지문 자료는 다양한 용도로 이용되지만, 범죄를 수사할 때도 이용됩니다. 현장에 남아 있는 지문을 채취해서 주민등록증을 만들 때 날인한 사람들의 지문과 비교하는 거예요. 이에 주민등록증을 만들면서 손가락 지문을 찍어야 하는 청소년 세 명이 "지문날인(날인이란 '도장을 찍는다'는 의미입니다)의 강요는 헌법상 인간의 존엄과 가치 및 행복추구권 조항을 침해하는 것"이라고 주장하면서, 지문날인을 강요하는 국가의 공권력으로부터 기본권이 침해

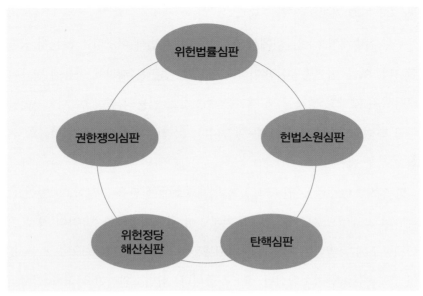

・ 헌법재판소의 역할 ・

되었다고 헌법재판소에 헌법소원을 제기했습니다. 지문이 범죄를 수사할 때 사용된다는 점을 고려하면, 신분증을 발급받는 모든 국민에게 지문을 찍도록 하여 보관하는 행위가 국민을 잠재적인 범죄자로 여기는 것 아니냐는 이야기지요. 여러분은 어떻게 생각하세요?

이에 헌법재판소는 "전과자 등 특정인의 지문만을 수집하거나, 개인당 손가락 1개의 지문만을 채취할 경우 범죄수사나 변사자 신원확인 등이 어려워지기 때문에 지문수집으로 인한 인권침해가 공익목적에 비해 크다고 보이지 않는다."라고 밝히면서 지문날인제도가 기본권을 침해하지 않는다고 판단했습니다. 그래서 아직도 신분증을 발급받으러 가면 가장 먼저

지문을 채취하지요.

위헌법률심판과 헌법소원심판 외에도 대통령이나 장관 같은 고위 공무원이 큰 잘못을 저질렀을 때 국회는 헌법재판소에 파면을 요구하기도 합니다. 이를 '탄핵심판'이라고 합니다. 우리나라에서는 2017년에 대통령에 대한 탄핵심판이 이루어져 대통령이 파면된 일이 있었습니다.

그밖에 '위헌정당해산심판'도 헌법재판소에서 이루어집니다. 어떤 정당이 헌법 질서를 어지럽혔다고 판단되면, 정부가 헌법재판소에 정당해산심판을 요구하는 것이지요. 우리나라에서는 2014년 최초로 통합진보당이 위헌정당 해산 결정을 통해 해산되었습니다.

그리고 어떤 사건에 대해 국가기관이나 지방자치단체 사이에 권한 다툼이 생길 때, 그 일이 누구의 권한인지 판단하는 '권한쟁의심판'도 이루어집니다. 예를 들어 자립형 사립고등학교 지정을 지방 교육청인 교육감이 취소하려 하는데 교육부가 동의해 주지 않으면 어떻게 될까요? 자립형 사립고 지정을 교육감 혼자 취소할 수 있는지, 아니면 교육부의 동의가 필요한지 심판하는 것이 바로 권한쟁의심판의 한 예입니다.

헌법재판소는 다수결 독재를 막아줘요

하지만 헌법재판제도와 관련해서는 여러 논란이 있어요. 바로 헌법재판소의 재판관은 국민이 직접 선출한 사람이 아니라는 점이지요. 국회의

원처럼 국민이 투표를 통해 뽑은 공무원을 '선출직 공무원'이라고 불러요. 이들은 국민이 직접 뽑았기 때문에 민주적 정당성을 부여받은 사람이지요. 하지만 헌법재판소의 재판관은 대통령, 국회, 대법원장이 선임하고 대통령이 임명하는 임명직 공무원입니다. 생각해 보세요. 헌법재판관들은 국민이 직접 뽑은 사람도 아닌데 국민의 대표자들이 만든 법률을 심판하고 때로는 효력이 없다고 판단할 권한을 가지고 있는 거예요. 이 사실이 민주주의에 반한다는 생각이 들지 않나요? 헌법재판관들은 법에 대한 전문적인 지식은 있을지 몰라도 국민에 의해 선출된 사람은 아닙니다. 그래서 이들에게 국민의 대표자가 만든 법률을 무력화할 수 있는 막강한 권한을 부여하는 헌법재판제도가 위험하고 비민주적이라는 생각이 전 세계적으로 논란이 되었습니다.

선거에서 다수결로 승리한 진영은 입법권과 행정권을 장악하게 됩니다. 이때 다수 진영에 포함되지 못한 소수를 보호하는 것은 사법부의 몫이 됩니다. 헌법재판소는 다수결로도 바꿀 수 없는 사회의 중요한 가치를 지키는 역할을 합니다. 만일 헌법재판관이나 법관을 선거로 뽑거나 입법부나 행정부가 선발 권한을 가진다면 사법권까지 다수결 승자가 장악해, 소수자 보호라는 기본 역할이 약화될 것입니다. 법관이나 헌법재판관까지 선거를 통해 정치적으로 선발하는 것은 그야말로 다수결 독재를 초래하고 사법의 민주적 정당성을 위협할 것입니다.

사회에는 다수결로 바꿀 수 없는 핵심적인 가치가 있습니다. 우리는 제2차 세계대전과 같은 역사적 사건을 통해 이를 알게 되었지요. 그리고 사회의 핵심적인 가치는 '헌법'에 담겨 있습니다. 다시 말해 헌법은 다수결로도 바꿀 수 없는 핵심 가치를 명문화해 둔 것입니다. 그러한 헌법을 도구로 국민의 대표자가 만든 법률이 타당한지를 해석하고 심판하는 일은 전문가인 헌법재판관이 하는 것이 더 타당하지 않을까요?

법에도 위계질서가
있다고요?

모두들 '법'이라고 간략하게 말하지만, 면밀히 살펴보면 법의 종류는 매우 다양합니다. 헌법, 민법, 형법, 민사소송법, 형사소송법, 초·중등교육법 등등 셀 수 없이 다양하지요. 그러다 보니 한 가지 사례에서 여러 법이 적용되는 것처럼 보이는 경우가 있어요. 심지어는 그 사안을 규율하는 법의 내용이 서로 다른 경우도 있습니다.

누군가가 인터넷에 허위의 사실을 써서 다른 사람의 명예를 훼손하여 고소당했다고 가정해 봅시다. 요즘은 실제로도 매우 비일비재하게 나타나는 사건이지요. 그런데 명예훼손과 관련된 법규는 형법과 정보통신망법에 모두 규정되어 있습니다.

형법 제307조 [명예훼손]

② 공연히 허위의 사실을 적시하여 사람의 명예를 훼손한 자는 5년 이하의 징역, 10년 이하의 자격정지 또는 1천만원 이하의 벌금에 처한다.

정보통신망법 제70조

② 사람을 비방할 목적으로 정보통신망을 통하여 공공연하게 거짓의 사실을 드러내어 다른 사람의 명예를 훼손한 자는 7년 이하의 징역, 10년 이하의 자격정지 또는 5천만원 이하의 벌금에 처한다.

누군가가 인터넷에 허위의 사실을 써서 다른 사람의 명예를 훼손했다면 위 형법 규정과 정보통신망법 규정에 모두 해당됩니다. 그러면 어느 규정을 적용해야 하는지 문제가 생기겠지요. 규정에 따라 처벌의 경중이 달라지니까요.

이처럼 법의 내용이 서로 충돌하는 경우 어떤 법을 적용할지 판단하는 원칙으로 '특별법 우선의 원칙', '신법우선의 원칙', '상위법 우선의 원칙'이 있습니다. 위의 사례는 특별법 우선의 원칙에 따라 정보통신망법이 우선 적용이 되는 경우입니다.

여기에서는 상위법 우선의 원칙에 따라 어느 법이 상위법이고 어느 법이 하위법인지를 살펴보도록 하겠습니다. 법은 종류가 무척 많고 심지어 내용이 서로 충돌하는 것처럼 보이기도 하지만, 실은 매우 체계적으로 구성되어 있습니다. 그래서 법체계에는 상위법과 하위법이 존재합니다. 그렇다면 무엇이 상위법이고 무엇이 하위법일까요? 이를 판단하기 위해서는 우선 법의 단계를 살펴보아야 합니다.

우리나라에서 가장 높은 법은 뭘까요

법의 위계질서를 상위법부터 살펴볼까요? 우리나라에서 가장 높은 법은 헌법입니다. 법 중에서도 최고의 법이지요. 헌법을 새로 만들거나(제정) 고치려면(개정) 국민 모두가 직접 참여하는 국민투표를 거쳐야 합니다. 그래서 한번 만든 헌법은 개정하기가 매우 까다롭습니다. 아주 사소한 토씨 하나 수정하려고 해도 전 국민이 국민투표를 해야 하니까요. 시간은 물론이고 비용도 무척 많이 들지요.

헌법을 만든 사람들은 왜 이렇게 까다로운 절차를 만들어 두었을까요? 이는 법적 안정성을 유지하기 위함입니다. 헌법은 국가의 기본법이므로, 헌법을 개정하는 절차는 일반적인 법률을 개정할 때보다 더 까다롭게 만드는 경우가 많습니다. 이렇게 헌법 개정 절차가 특히 어려운 경우를 '경성헌법'이라고 하지요. 우리나라와 대부분의 국가가 이에 속합니다. 반면

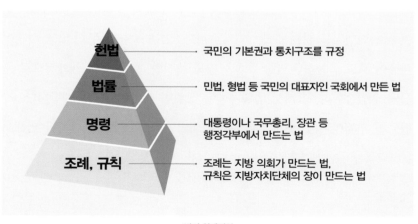

· 법의 위계질서 ·

영국과 뉴질랜드와 같은 국가에서는 헌법 개정 절차가 특별히 어렵지 않고 법률 개정 절차와 같습니다. 이런 헌법을 '연성헌법'이라고 합니다.

헌법 다음의 순위를 가지는 법은 법률입니다. 이 법률은 국회에서 국민의 대표자들, 즉 국회의원들이 제정하지요. '법'이라고 하면 가장 대표적으로 떠올리는 것이 바로 이 법률입니다.

그다음은 명령인데, 이는 법률에서 위임받은 부분에 대하여 행정부가 만듭니다. 대통령이 만든 대통령령, 국무총리가 만든 총리령, 행정각부의 장관이 만든 장관령이 이에 속합니다.

이보다 더 하위법도 존재하지만, 위의 세 가지 정도만 알아두면 될 것 같습니다. 그리고 이 순위에 따라 상위법에 위반되는 하위법 조항은 효력이 없습니다. 특히 헌법에 위반되는 하위 법률은 위헌 법률이라고 하여 헌법재판소에서 위헌성 여부를 판단하게 됩니다.

법을 왜 공부해야 하나요

법은 판사나 검사, 변호사처럼 법을 다루는 전문가들이 배우는 지식이라고 생각할 수도 있습니다. 하지만 법은 직업과 관계없이 사회를 살아가기 위해 반드시 알아두어야 하는 규칙이에요. 우리의 거의 모든 일상이 법에 의해 규율받기 때문이지요. 학교에 다니는 것부터 편의점에서 물건을 사는 일 등등 모든 부분에 법이 존재합니다. 그리고 잘못된 행동을 했을 때도 법을 모른다고 해서 처벌을 피할 수 없어요. 따라서 법을 전문적으로 알아둘 필요가 없는 사람이라도, 기본적인 법적 지식은 반드시 알아두어야 합니다.

일반 시민도
꼭 법을 알아야 해요

우리는 매우 선한 사람을 두고 "저 사람은 법 없이도 살 수 있는 사람이다."라고 얘기하곤 하지요. 그런데 세상에 법 없이도 살 수 있는 사람은 없습니다. 왜냐하면 법은 내가 남에게 피해를 주는 일을 막기도 하지만, 반대로 내가 남으로부터 피해를 받는 일도 막아 주기 때문입니다. 내가 아무리 선량하게 행동하더라도, 나를 보호하기 위해 법이 반드시 필요합니다. 그래서 일반 시민이라도 기본적인 법적 상식은 꼭 알아두어야 합니다.

법학은 빵을 위한 학문이라고도 해요

여러분이 태어났을 때 부모님은 가장 먼저 어떤 일을 했을까요? 법적 관점에서 말이에요. 만약 병원에서 태어났다면 여러분은 신생아실로 보내겠을 것이고, 어머니는 몸을 치료하면서 회복하는 기간을 가졌을 것입니다. 하지만 이는 법적으로 크게 의미를 가지는 일은 아닙니다.

위 질문에 대한 답은 바로 '출생신고'입니다. 아이가 태어나면 법률적으로 출생신고를 하고, 사람이 죽으면 사망신고를 하지요. 이처럼 사람은 태어나면서 출생신고의 대상이 되고, 사망하면 사망신고의 대상이 됩니다. 태어나면서부터 죽을 때까지 법과 관련되지 않은 부분이 거의 없다고 해도 지나친 말이 아닙니다. 그래서 '사회가 있는 곳에 법이 있다.'라는 말이 있지요. 법은 사회의 질서를 유지해 주는 가장 중요한 규범이니까요.

법은 앞으로 발생할지도 모를 사회의 갈등을 예방하는 역할을 하기도 하고, 갈등이 발생했을 경우에는 이를 해결하기 위한 최후의 수단이 되기도 합니다. 말하자면 인간이 인간답게 살 수 있는 사회를 건설하기 위한 최소한의 전제 조건이 바로 '법'입니다. 이러한 법을 연구하는 학문이 바로 '법학'이고요. 결론적으로 법학이란 사회의 법질서와 법적 현상을 연구하는 학문이라고 말할 수 있습니다.

어느 사회에서나 법률가는 상류층으로 분류되어, 사회적으로 출세하고자 법을 공부하는 경우가 많았습니다. 그래서 법학을 '빵을 위한 학문'이라고 말하기도 합니다. 노벨 경제학상은 있어도 노벨 법학상은 없는 이유가, 법학이 출세를 위한 기술 정도로 이해되기 때문이라고도 합니다. 하지만 '빵을 위한 학문'이라는 표현에는 그만큼 법학이 실생활과 밀접하게 관련되어 있고 실용적인 학문이라는 뜻 역시 포함되어 있습니다.

실제로 법학은 어떤 학문보다도 역사가 긴 학문입니다. 대학이라는 기

· 볼로냐 대학교 도서관 ·

현재 우리가 '대학'이라고 부르는 기관의 시초인
볼로냐 대학은 특히 법학으로 유명했습니다.

관이 처음 생긴 중세 시대부터 법학이 존재했으니까요. 이때는 기초 학문인 삼과(문법, 수사학, 논리학)를 배운 뒤 사과(산술학, 기하학, 음악, 천문학)를 거치면 의학, 법학, 신학, 철학 등의 전문부를 배울 자격이 주어졌습니다. 다시 말해 법학은 중세 이후로 신학, 철학, 의학과 함께 학문의 근간을 이루어 왔습니다. 또한 신학, 철학, 의학, 법학 중에 인간의 실생활과 가장 밀접하게 관련된 학문이 바로 법학이지요.

법을 알지 못하고 어겼다면 처벌받지 않을까요

이런 경우를 상상해 봅시다. 학교에서 따돌림을 당하는 친구가 있는데, 불량한 학생들이 이 친구를 같이 때리자고 제안했습니다. 당연히 말도 안 되는 일이고, 이러한 제안은 듣자마자 단호히 거절해야겠지요. 그런데 만일 이 제안을 단호하게 거절하지 못하고 "나는 멀리서 망이나 보고 있을 테니, 너희들이 알아서 해라."라고 하고, 실제로 내가 멀리 떨어져서 망을 보는 사이 불량한 학생들이 따돌림 당하는 친구를 때렸다고 가정해 봅시다. 이때 '나'는 그저 망을 본 것뿐이고 실제로 때리지는 않았으니 책임을 지지 않을까요?

그렇지 않습니다. 그저 망을 보는 수준에 그쳤어도 나는 그 친구들과 함께 따돌림당하는 학생을 같이 때렸다고, 즉 폭행했다고 처벌받게 됩니다. 어려운 말로 폭행죄의 '공동정범'이 되는 것이지요. 흔히 '공범'이라고 합니다. '망보는 행위'가 공동정범에 해당한다고 판단되면 실제 범죄를 행한 자와 동일한 죄로 처벌된답니다.

나는 따돌림 당하는 학생을 폭행할 생각이 없었기에 망만 봐 준 것이지 폭행하지 않았다고 항변하더라도 소용없습니다. 직접 때리지 않는다고 해서 폭행이라는 범죄에 대한 책임이 없는 것은 결코 아닙니다. 그러니 누군가 자신이 범죄를 저지를 테니 망만 봐달라는 부탁을 한다면, 아무리 망보는 행위에 불과하다고 해도 절대 그대로 따라서는 안 됩니다.

하지만 만약 위의 사례에서 망을 봐주기만 해도 폭행죄의 책임을 지게 되는 것을 '몰랐으니' 책임이 없다고 주장하면 어떨까요? 유명한 법언 중에 "법률의 부지(不知)는 용서받지 못한다."라는 말이 있습니다. "형법에 저촉되는 행위, 즉 범죄를 저지른 피의자가 법의 무지(ignorance)를 이유로 처벌을 면할 수는 없다."라는 원칙을 말합니다. 자신의 행위가 법에 위반된다는 사실을 몰랐더라도 법률의 내용을 알지 못한 그 사람의 잘못이므로 법에 따라 처벌해야 한다는 말입니다. 범죄를 저지른 사람이 그 행위가 범죄라는 사실을 몰랐다고 처벌하지 않는다면 국가의 형벌 질서가 제대로 유지될 리가 없겠지요? 그래서 법률가가 아닌 일반인도 법의 내용을 잘 알고 있어야 합니다.

한편 처벌을 피하기 위해서뿐만 아니라, 우리가 지닌 권리를 지키기 위해서도 반드시 법을 알아야 합니다. 독일의 법학자 예링(Rudolf von Jhering, 1818~1892)은 "권리 위에 잠자는 자는 보호받지 못한다."라는 격언을 남겼습니다. 자신의 권리를 주장하지 않거나 지키려 노력하지 않으면, 혹은 오랫동안 그 권리를 행사하지 않으면 더 이상 그 권리를 주장하지 못한다는 말입니다.

법에서도 오랫동안 자신의 권리를 주장하지 않으면 권리를 주장할 수 없게 되는 '소멸시효' 같은 제도가 있습니다. 우리 민법 제162조 [채권, 재산권의 소멸시효] 제1항에서는 "채권은 10년간 행사하지 아니하면 소멸시효가 완성한다."라고 규정하고 있는데, 바로 이러한 소멸시효 제도가 곧 "권리 위에 잠자는 자는 보호를 받지 못한다."라는 격언을 법제화한 것입니다.

결국 법은 그 내용을 몰랐다고 용서받을 수 있는 것도 아니며, 법적인 권리 행사를 게을리하면 자신에게 불이익이 돌아오게 마련입니다. 그래서 일반시민도 법에 대해 기본적인 상식은 알고 있어야 하며, 자신의 권리 행사를 게을리해서는 안 되는 것이지요.

법을 공부하면
어떤 직업을 가질 수 있을까요

법을 배우면 장래에 무엇이 될 수 있을까요? 당연히 판사, 검사, 변호사가 된다고 생각할지도 모르겠습니다. 판사, 검사, 변호사는 법학 분야의 대표적인 직업군으로, 이 세 가지를 합해서 법조삼륜(法曹三輪)이라고 부릅니다. 하지만 법을 전공했다고 반드시 판사나 검사, 변호사만 될 수 있는 것은 아닙니다. 법과 관련된 직업은 그 이외에도 무척 많습니다.

사회가 돌아가는 규칙이 '법'이기 때문에, 사람은 법 없이는 살 수 없습니다. 그래서 법과 관련된 직업도 많습니다. 변호사, 법무사, 세무사, 변리사, 관세사, 감정평가사, 공인중개사, 공인노무사, 손해사정사 등이 법학과 관련이 깊은 직업입니다. 어떤 직업은 들어본 것 같은데, 어떤 직업은 낯설게 느껴지지요? 이런 직업을 가지려면 보통 자격시험에 응시해서 자격증을 따야 합니다. 이 과정에서 법에 대한 지식이 매우 중요하지요.

그 밖에 따로 자격증을 따지 않더라도 법학과 밀접한 관련이 있는 직업으로는 중앙정부 및 지방자치단체, 출입국관리사무소, 경찰서, 교도소, 구치소, 보호감호소 등의 공무원뿐만 아니라, 기업체의 법무팀 직원, 언론인 등이 있습니다.

법조삼륜, 판사, 검사, 변호사

우리가 흔히 '법관'이라고 칭하는 사람은 '판사'를 의미합니다. 우리 헌법에서는 제27조 제1항에 "모든 국민은 헌법과 법률이 정한 법관에 의하여 법률에 의한 재판을 받을 권리를 가진다."라고 규정하고 있는데, 이때 '법관'이 판사입니다.

우리나라는 삼권분립 국가입니다. 따라서 입법부, 사법부, 행정부로 국가 권력이 나누어져 있지요. 판사, 검사, 변호사 중에는 판사만이 사법부에 속합니다. 모두 알고 있는 것처럼, 재판에서 최종 판결을 내리는 사람이 판사이지요. 판사는 국민의 권리를 지키기 위해 최선을 다해야 하고 소송 당사자의 주장을 잘 파악하여 법과 양심에 따라 공정하게 판정을 내려야 하지요.

검사는 범죄를 수사하고 공소를 제기하며 형사 재판에서 원고의 역할을 하는 사람입니다. 검사는 사법부 소속이 아니라 행정부인 검찰청에 소속된 공무원이지요. 검사는 형사 사건을 세밀하게 조사해서 범죄를 저질렀다고 의심받는 사람(피의자)의 행위가 범죄에 해당하는지 아닌지 따지

• 대한민국 대법원 •

는 일을 합니다. 검사는 피의자를 수사하여 죄가 없다고 판단하면 불기소 처분을 합니다. '불기소 처분'이란 검사가 형사재판(공판)을 제기(기소)하지 않는다는 뜻입니다. 하지만 만약 피의자에게 범죄의 혐의가 있다고 판단하면, 법원에 공소를 제기하여 형사 재판에서 원고 역할을 합니다.

검찰청에 소속된 검사와 유사한 직업으로 경찰청에 소속된 경찰관도 있습니다. 경찰관은 검사와 마찬가지로 수사도 하고 범죄를 예방하기 위해 순찰도 합니다. 그런데 경찰은 수사를 하더라도 형사재판에서 원고의 역할을 하는 것은 검사만이 할 수 있고, 경찰관은 할 수가 없습니다. 어려운 말로 '공소 유지'를 담당하는 것은 검사만이 할 수 있지요.

변호사는 법적 판단을 구해야 할 때 법률상담을 해주거나, 의뢰인을 대신해 법률행위를 하는 사람을 말합니다. 흔히 변호사라고 하면 영화에서처럼 법정에서 멋지게 변론하는 상황을 생각하지요. 실제로 범죄 여부를 판단하는 형사 사건에서는 변호인의 역할을 하여 피고인이 된 의뢰인을 변호하고, 개인 사이의 분쟁을 해결하기 위한 민사 사건에서는 의뢰인을 대리하여 소송에 참가하는 일이 변호사의 주요 업무 중 하나입니다.

하지만 법정 밖에서도 변호사가 하는 일은 매우 많습니다. 소송에 이르기 전 분쟁을 예방하기 위해 변호사를 찾기도 하거든요. 미리 분쟁이 발생하지 않도록 대비하기 위해서이지요. 우리나라에서는 최근 변호사의 숫자가 급증해, 변호사가 소송을 대리하는 업무(송무)뿐 아니라 여러 분야로 진출하고 있습니다. 그래서 기업이나 지방자치단체, 정부의 각 부서에서는 분쟁을 예방하기 위해 변호사를 직원으로 채용하는 경우가 점점 늘어나고 있습니다.

이렇게 변호사가 많아져도 고위직 판사나 검사 경력이 있는 변호사들에게 거액의 수임료를 지급하고 소송을 맡기는 경우가 많습니다. 그러한 이유로 나타나는 문제가 바로 '전관예우'라는 문제입니다. 전관예우란 말 그대로 '전직[前] 관리[官]에 대한 예우'라는 의미인데, 판사나 검사로 재직하다가 갓 개업한 변호사가 맡은 사건에 대해 법원이나 검찰이 예우를 해준다는 의미입니다. 판사나 검사를 하다가 그만두면 변호사를 하게 되는데, 갓 개업한 변호사가 맡은 사건을 담당하는 판사나 검사는 그 변호사의 후배가 되기 때문에 일정 기간 선배에 대한 예우를 한다고 유리하게 판결을 내려 주는 관례가 있었습니다. 그러다 보니 거액의 수임료를 지급해서라도 사건이 성공적으로 처리될 가능성이 높은 전관 변호사(갓 개업한 판사나 검사 출신의 변호사)에게 사건을 맡기는 일이 많습니다. 이러한 전관예우는 사건이 공정하게 처리되지 못하기에 정의 관념에 반한다는 비판이 있는 등 폐단이 많은 관례여서 점차 법으로 제한하는 추세입니다. 전관예우를 막기 위해 판사나 검사로서 퇴직한 변호사가 퇴임하기 직전에 근무한 법원이나 검찰청에서 다루는 사건은 일정한 기간 동안은 맡을 수 없도록 법에서 금지하는 것이지요. 하지만 아직도 전관예우가 없다고 할 수는 없어서 여전히 사회적인 문제가 되고 있습니다.

지적재산권 업무를 대신 처리해 주는 변리사

여러분은 지식재산권이라는 말을 들어보셨나요? 지식재산권이란 발명, 상표, 디자인 등의 산업재산권과 문학, 음악, 미술 작품 등에 관한 저작권을 통틀어 부르는 말입니다. 지적재산권, 지적소유권이라고도 합니다. 이러한 지식재산권과 관련된 한국의 법률로는 특허법, 저작권법, 실용신안법, 디자인법, 상표법, 발명보호법 등이 있지요.

21세기를 지식사회라고 하는 만큼, 특허 같은 지식재산권은 세계 경제의 핵심이라 할 수 있습니다. 변리사는 이러한 지식사회에서 참신한 아이디어나 기술 등을 특허권으로 만들어 보호받게 해주거나 이를 활용하는

데 도움을 주는 전문가입니다. 쉽게 말하면 발명가를 도와주는 사람이라고 할 수 있지요. 변리사는 발명가가 산업재산권을 취득하는 것을 도와주는 일을 하고, 특허, 실용신안, 디자인, 상표 중 어떤 산업재산권을 취득하는 것이 좋은지 조언을 해주기도 합니다. 또 특허를 얻으려면 절차가 무척 복잡한데, 발명가를 대신해서 일을 처리해 주기도 하지요. 특히 절차가 더욱 복잡한 국제 특허를 취득하는 경우, 변리사가 모든 절차를 맡아서 진행하기도 합니다. 이 밖에 지식재산권 관련 소송에서 그 지식재산권의 가치를 평가하는 일도 변리사가 합니다.

변리사가 되려면 특허청에서 실시하는 변리사 시험에 합격하거나, 변호사 자격을 가진 사람이 법령에 규정된 일정한 실무 수습을 마치면 됩니다. 변리사 시험을 보는 데 학력, 나이 제한은 없지만, 과학기술 분야의 특허가 많기 때문에 과학이나 법학을 전공하면 변리사가 되기에 유리합니다.

노사 문제를 도와주는 공인노무사

공인노무사는 근로자와 사용자와의 관계에서 법률문제를 상담해줍니다. 여러분이 나중에 회사에서 일하는 근로자가 되었는데, 상사나 동료에게 부당한 대우를 당하거나 회사로부터 임금을 받지 못하는 등의 문제가 생겨 혼자 처리하기 어려우면 찾아가는 사람들이지요. 또는 회사의 대표도 상담을 위해 공인노무사를 찾을 수 있어요. 이처럼 공인노무사는 노동

분야에서 법률, 경영, 경제 등의 문제를 해결하는 데 도움을 주고, 문제가 있다면 합리적인 개선 방안을 제시하며 관련 법률 문제를 상담해줍니다. 변호사는 민사, 형사 소송업무를 주로 담당하지만, 공인노무사는 노동 관련 법률, 노사 문제 관련 경영 자문 등 광범위한 지식 서비스를 제공한다는 점이 다르지요.

공인노무사는 노동조합(주로 '노조'라고 줄여 말하는 경우가 많습니다)을 설립하고 운영하는 등 노동조합의 모든 활동을 비롯해 산업재해가 일어나지 않도록 하는 사전 예방 조치 등에도 관여합니다. 사업장의 안전 상태나 보건 상태 등에 대해 상담과 조언을 해주는 것이지요. 여기서 노동조합이란 노동자가 주체가 되어 만든 모임으로써, 노동자들이 근로조건을 유지하거나 개선하기 위해 조직하는 단체를 말합니다. 보통 노동자를 고용하는 고용주인 회사는 너무나 크고 힘이 강해서, 노동자들이 무언가를 요구하고 싶어도 혼자서는 회사에 이야기하기가 어렵습니다. 그래서 노동자들은 노동조합이라는 단체를 만들어 회사와 협상을 하지요. 공인노무사는 이때 노동자의 편에서 일하기도 하지만, 반대로 회사의 편에서 일하기도 합니다.

또한 공인노무사는 노동조합의 일뿐만 아니라 어떤 노동자가 부당하게 해고나 징계, 감봉 등을 받았을 때 이를 도와 구제신청을 해주기도 합니다.

법적 서류를 작성해 주는 법무사

법률적으로 필요한 서류는 우리가 일상에서 쓰는 문서와는 또 달라서, 일정한 양식이나 형식이 요구됩니다. 그래서 이러한 업무에 필요한 법률적인 자문이나 상담을 해주고, 문서를 대신 작성하고 제출해 주는 업무를 하는 사람을 법무사라고 합니다. 또 소송을 한다고 해서 언제나 변호사를 통해야 하는 것은 아닙니다. 간단한 소송이라면 변호사를 통하지 않고 당사자가 직접 하는 경우도 있는데, 이럴 때 법무사를 찾아가면 여러 문서를 작성해 줍니다.

법무사가 되기 위해서는 법원행정처에서 실시하는 법무사 국가자격시험에 합격한 후 일정기간 동안 연수를 받아야 합니다. 과거에는 법원과 검찰 공무원으로 일했던 사람에게만 법무사 자격을 주었기 때문에 퇴직한 공무원의 생계를 위해 만들어진 직종이라며 형평성 등 특혜논란이 일었습니다. 이제는 누구나 동등하게 법무사 시험을 통과해야만 법무사가 될 수 있도록 하여, 일반인에게도 법무사가 될 수 있는 길이 열리게 되었습니다.

법조인이 되려면 어떻게 해야 할까요

과거에는 '사법시험'이라는 어려운 시험에 합격해야만 판사, 검사, 변호사가 될 수 있었습니다. 사법시험은 1963년부터 실시된 법조인 선발시험이었는데, 사법시험 응시 자격에는 학력 제한이 없어서 초등학교를 졸업하지 않은 사람도 사법시험에 합격하여 법조인이 될 수 있었습니다. 그러나 사법시험은 2017년을 마지막으로 폐지되었습니다.

사법시험을 폐지 문제와 관련해 우리나라에서는 많은 논란이 있었습니다. 사법시험을 유지해야 한다고 주장하는 사람들은 사법시험이 학력과 무관하게 누구든 응시할 수 있고, 또 법조인이라는 사회 엘리트를 선발하는 데 가장 공정한 방법이라는 점을 그 이유로 들었습니다. 사법시험은 아무리 가난한 사람이라도 대학을 나오지 않고 혼자 공부해 합격할 수 있는데, 사법시험을 폐지하면 대학을 졸업하고 또 로스쿨(law school)이라고 부르는 법학전문대학원까지 졸업해야 하거든요. 그러면 경제적으로 어려운 사람에게 불리하고 사회적 비용이 더 많이 든다는 것이었습니다.

반면 사법시험을 폐지해야 한다고 주장하는 사람들은 시험 하나만으로 법조인을 선발하면 상위 대학 출신으로 법조인이 쏠림현상이 생기며, 시험만으로 법조인을 선발하는 제도는 다른 선진국과 너무 동떨어져 있다고 지적했습니다. 또 대학에서 다양한 전공을 배운 사람들이 로스쿨에 진학하여 법조인이 되어야 여러 학문적 배경을 가진 다양한 법조인을 양성할 수 있다고 주장했습니다.

사법시험을 수년간 계속 응시하고도 합격하지 못해 사법시험에만 매달리는 고시 낭인이 늘어나고, 힘들게 공부해 합격한 사람들은 보상심리가 작용해 추후 부패나 비리를 저지르는 경우도 많았습니다. 그래서 어려운 시험을 통해 법조인을 '선발'하는 것보다, 법학전문대학원의 적절한 교육

· 1817년 설립된 미국에서 가장 오래된 하버드 로스쿨 ·

과정을 통해 법조인을 '양성'하는 것이 바람직하다는 주장이 설득력을 얻었지요. 결국 논란 끝에 사법시험은 폐지되고, 법학전문대학원만이 법조인이 되기 위한 유일한 관문이 되었습니다.

사법시험을 대신하게 된 '변호사 시험'은 사법시험과 달리 응시 자격에 제한을 두어, 3년제로 운영되는 법학전문대학원을 졸업해야만 응시할 수 있습니다. 2009년에 처음으로 전국 25개 대학에 법학전문대학원이 설치되었으며, 첫 졸업자를 배출한 2012년에 제1회 변호사 시험이 실시되었습니다. 이제 변호사 시험을 칠 자격을 얻기 위해서는 법학전문대학원을 졸업해야 하고, 법학전문대학원에 입학하기 위해서는 대학을 졸업해야 합니다. 과거 사법시험을 치를 때에는 학력 제한이 없었던 것과는 대조적이지요.

검사가 되기 위해서도 법학전문대학원을 졸업하고 변호사 시험에 합격하여 변호사 자격을 갖추어야 합니다. 판사가 되기 위해서는 변호사나 검사의 경력을 10년 이상 갖추어야 하지요.

로스쿨은 어떻게 입학할 수 있나요?

로스쿨, 즉 법학전문대학원에 입학하기 위한 자격은 법률에 규정되어 있습니다. 법학전문대학원 설치·운영에 관한 법률 제22조 [입학자격]에는 "법학전문대학원에 입학할 수 있는 자는 학사학위를 가지고 있거나 법령에 따라 이와 동등 이상의 학력이 있다고 인정된 자로 한다."라고 규정되어 있습니다. 즉 4년제 이상의 대학을 졸업하여 학사학위를 취득하거나, 독학사 학위 과정을 거쳐서 학사학위를 취득하면 누구나 법학전문대학원에 입학시험을 치를 자격을 가지는 것이지요. 그리고 같은 법 제26조에서는 법학전문대학원 학생들이 학부시절 법학 이외에도 다양한 전공을 가진 학생들로 구성되도록 하기 위하여 "법학전문대학원은 입학자 중 법학 외의 분야에서 학사학위를 취득한 자가 차지하는 비율이 입학자의 3분의 1 이상이 되도록 하여야 한다."라고 규정하고 있습니다. 따라서 대학에서 법을 전공해야만 로스쿨에 들어갈 수 있는 것은 아니랍니다.

청소년은 법으로 보호받고 있어요

청소년은 아직 할 수 없는 일이 많습니다. 무슨 일을 하려고 하면 부모님의 허락을 받았냐는 질문을 받거나, 부모님이 직접 해야 한다고 거절당하는 경우가 있습니다. 성인과 달리 '19세 미만 관람 금지'라고 분류된 게임을 할 수도 없고, 아직 미성년자라는 이유로 성인 등급으로 분류된 책을 읽거나 영화를 볼 수도 없지요. 청소년은 정신적으로나 육체적으로 성장하는 중이라, 실제로도 그렇지만 법적으로도 성인과는 다른 존재입니다. 성인과 달리 어떤 권리는 제한받기도 하지요. 하지만 만약 청소년이라는 이유로 권리가 제한된다면, 반대로 권리에 상응하는 책임도 제한되어야 한다는 생각이 들지 않나요?

미성년자도 법적으로 보호받아야 할 권리가 있습니다. 그리고 미성년자 스스로가 그 권리를 잘 알고 있어야 스스로의 권리를 잘 챙길 수 있지요. 그럼 미성년자인 청소년은 법적으로 어떻게 보호받고 있을까요?

미성년자는 법적으로 무엇을 할 수 있나요

우리는 일상적으로 20세가 되면 성인이라고 합니다. 여덟 살에 초등학교에 입학해서 탈 없이 중학교, 고등학교 생활을 마치고 나면 성인이 되지요. 그렇다면 법적으로는 몇 세부터 성인이 될까요?

민법 제4조 [성년]에는 "사람은 19세로 성년에 이르게 된다."라고 규정하고 있습니다. 그래서 법률적으로는 만 19세에 달하지 않은 사람을 성년에 이르지 못한 사람, 즉 미성년자라고 합니다. 미성년자는 아직 신체적으로나 정신적으로 성숙하지 않아 완전한 법적 권리를 가지지 못하고, 법적 책임 또한 제한됩니다. 또한 민법 제826조 [성년의제]에서는 "미성년자가 혼인을 한 때에는 성년자로 본다."라고 규정하여 혼인신고도 성년 결정의 척도가 되고 있습니다. 아직 만 19세가 되지 못해도 결혼을 했다면 성년의 지위가 부여된다는 것이지요.

미성년자는 독자적으로 법률행위를 하지 못합니다. 우리 민법 제5조 [미성년자의 능력] 제1항에는 "미성년자가 법률행위를 함에는 법정대리인의 동의를 얻어야 한다."라고 규정하고 있습니다. 그래서 미성년자가 법률행위를 할 때에는 부모의 동의를 얻어야만 그 법률행위에 정상적인 효력이 있습니다.

하지만 근로기준법 제68조 [임금의 청구]에는 "미성년자는 독자적으로 임금을 청구할 수 있다."라고 규정하여 근로 계약에서 임금을 청구할 때는 부모의 동의 없이도 독자적으로 임금을 청구할 수 있도록 했습니다. 미성년자가 일을 하고 임금을 받아야 하는데 부모의 동의가 없다는 이유로 사용자가 임금 지급을 거절하거나, 부모가 미성년자 자녀의 임금을 마음대로 가져가지 못하도록 미성년자를 보호하기 위한 특별 규정입니다.

미성년자가 범죄를 저지르면 어떻게 처벌받나요

우리나라 형법은 제9조 [형사미성년자]에서 "14세 되지 아니한 자의 행위는 벌하지 아니한다."라고 규정하여 만 14세가 되지 않은 어린이나 청소년을 '형사미성년자'로 분류하고 있습니다. 14세 미만인 사람은 정신적, 육체적으로 완전히 성장하지 못했기에 범죄를 저지르더라도 성인과 달리 형벌이 아닌 다른 수단으로 교화하겠다는 의미입니다.

'질풍노도의 시기'라는 말을 종종 들어보았을 거예요. 청소년기를 이야기할 때 질풍노도의 시기라는 말을 자주 사용하지요. 질풍노도(疾風怒濤)란 '강한 바람'과 '성난 파도'라는 뜻으로, 청소년기의 격동적인 감정을 나타내는 말입니다. 청소년은 어른도 어린이도 아닌 주변인이므로, 여러 면에서 좌절과 불만을 느낄 수 있고 때로는 사고가 극단적으로 치닫거나 감정이 격해지기도 합니다. 그렇기에 한순간의 실수로 잘못된 행동을 저지를 수도 있지요. 잘못된 행동을 저지른 어린 청소년에게는 법적인 처벌을 하기보다 따뜻하게 보호하고 다시는 잘못된 행동을 하지 않도록 가르치는 것이 더 중요합니다. 그래서 우리나라는 법을 어긴 청소년과 어린이를 보호하고 선도하기 위해, 형법의 특별법으로 '소년법'이라는 법을 별도로 만들었습니다. 소년법은 죄를 저지른 청소년에게 적용하는 법으로, 청소년을 특별히 보호해야 할 필요가 있을 때 보호처분을 할 수 있고, 처벌할 때도 청소년의 특성에 맞게 생활할 수 있도록 배려하는 특별한 규정을 두고 있습니다.

청소년을 형사 처벌할 경우에는 전과자로 낙인이 찍혀 장래에 나쁜 영향을 미칠 수 있지만, 보호처분을 받을 경우에는 전과자가 되는 것은 아닙니다. 보호처분을 받은 청소년은 부모나 보호자, 소년보호시설에 맡겨져 보호받거나, 병원이나 요양소에서 치료받습니다. 또는 보호관찰, 사회봉사명령, 수강명령을 받을 수도 있고, 소년원에 들어가 교육과 상담을 받을 수도 있습니다.

소년범 처벌 나이를 더 낮추어야 할까요

우리나라뿐만 아니라 다른 나라에서도 일정 나이에 이르지 못한 미성년자는 형사처벌 적용 대상에서 배제하고 있습니다. 독일, 일본, 오스트리아 등은 우리나라처럼 14세, 프랑스는 13세가 기준이지요. 호주나 영국은 이보다 낮은 10세를 기준으로 형사미성년자를 규정하고 있습니다.

그런데 최근 10대 청소년들의 흉악한 범죄가 언론에 자주 보도되면서, 약한 처벌이 오히려 청소년 범죄를 증가시키는 것이 아닌가 우려하며 소년법을 폐지하자는 여론이 일고 있습니다. 중학생들이 지하철에서 집단적으로 노인의 목을 조르고 폭행하는 범죄를 저지른 사건이 있었는데, 가해 학생들이 만 13세로 형사미성년자이기 때문에 형사처벌을 받지 않았다는 사실이 알려진 것이지요. 이런 사건이 자주 발생하자, 소년법을 폐지하거나 형법을 개정해 형사미성년자의 기준 나이를 더 낮추어야 한다는 여론이 일기도 했습니다.

만 나이는 어떻게 세나요?

나이에는 '만 나이'와 '세는 나이'가 있습니다. 우리나라의 경우 일상생활에서는 '세는 나이'를 사용하며, 법률에서는 '만 나이'를 사용합니다. 법에서 14세라고 하면 따로 표시하지 않아도 만 14세를 의미합니다. 앞으로는 일상생활에도 세는 나이는 사용하지 않고 만 나이로 통일하여 사용하기로 했습니다.

세는 나이는 출생과 동시에 1살이 됩니다. 어머니 뱃속에서의 태아도 사람으로 보아 태어나면 바로 1살로 본다는 의미입니다. 그러고 나서 매년 1월 1일을 기준으로 1살씩 늘어납니다. 태어날 날과 상관없이 모든 사람이 똑같이 매년 1월 1일을 기준으로 1살 더 먹습니다.

만 나이를 계산하는 방법은 생각보다 쉽습니다. 현재 연도에서 출생 연도를 뺀 후 생일이 지났으면 그대로 사용하고, 생일이 아직 안 지났으면 한 살을 더 빼줍니다. 세는 나이를 계산하려면 현재 연도에서 출생연도를 뺀 후 한 살을 더하면 되지요. 생일에 따라 만 나이와 세는 나이는 두 살까지도 차이가 납니다.

예를 들어 지금 세는 나이가 16세이고, 생일이 아직 지나지 않았다면 16-2=14로 만 나이는 14세가 됩니다. 생일이 지났다면 한 살만 빼주면 되니 16-1=15로 만 15세가 되는 것이지요.

형사상 책임이 제한되는 나이를 몇 세로 정할 것인지는 법리적인 문제가 아니라 입법 정책의 문제입니다. 실제로 청소년의 신체적·정신적 발달이 과거보다 빨라져, 형사미성년자의 나이를 13세나 12세로 낮추자는 주장이 점점 더 강해지고 있어서 앞으로 법이 개정될 수도 있습니다. 그러나 소년범을 가까이서 지켜본 전문가들은 소년범 처벌을 강화한다고 해서 소년 범죄가 줄어들지는 않는다고 합니다. 처벌을 강화하기보다는 소년범이 사회에 안정적으로 정착할 수 있도록 제도적으로 지원하고 피해자의 회복에 초점을 둔 정책이 필요하다는 것이지요. 소년범을 더 엄중하게 처벌해야 한다는 의견에 대해서 여러분은 어떻게 생각하시나요?

시대에 따라 법도 달라져요

　현대사회에서 법은 선거로 뽑힌 국민의 대표자로 구성된 입법부에서 만듭니다. 입법부에 모인 국민의 대표자는 국민 전체의 이익을 고려하여 국민의 권리를 보호하기 위한 법을 만들지요. 하지만 '국민 전체의 이익'이 무엇인지는 시대의 흐름에 따라 달라질 수밖에 없고, 그로 인해 입법 방향도 달라집니다. 법은 절대적인 기준으로 언제 어디서나 똑같이 적용될 것 같지만, 사실 법은 시대의 흐름에 따라 변해 왔습니다. 세상은 계속 변해 갈 테니 법도 계속 변해 가겠지요.

　과거 근대 시민사회가 막 만들어졌을 때 최상의 가치는 국가로부터의 자유, 즉 국가로부터 간섭받지 않을 자유였습니다. 하지만 자유를 최상의 가치로 둔 입법은 심각한 빈부 격차를 비롯해 여러 문제를 불러왔습니다. 그래서 이제는 자유를 우선하되 국가가 국민의 기본적인 삶, 다시 말해 최소한의 생활을 보장하는 복지국가를 건설하고자 국가가 국민의 삶에 개입하는 입법을 하게 되었지요.

특히 최근에는 과학기술의 발전으로 새로운 법이 많이 필요해졌습니다. 대표적인 법률로는 '온실가스 배출권의 할당 및 거래에 관한 법률'을 들 수 있어요. 기술 발전으로 산업 규모가 커지고 이산화탄소 배출이 많아져 지구온난화가 심해지자 이를 막기 위해 만들어진 법이지요. 물론 법적 안정성을 유지하기 위해 법이 너무 자주, 함부로 변해서는 안 되지만 시대의 흐름에 따라 합목적적으로 변해가야 합니다.

법으로 인간 복제를 막을 수 있을까요

과학이 발전하면 우리의 생활은 그만큼 편리해지지만, 한편으로는 많은 혼란이 일어나기도 합니다. 이런 혼란은 법률적으로도 많은 문제를 불러오지요. 이는 비단 어느 특정 분야만의 일이 아니라 과학의 거의 모든 분야에서 발생합니다. 새로운 과학 지식을 알게 되고 그에 따라 새로운 기술이 생겨나면서 이전에는 상상도 할 수 없던 일이 가능해지고, 그 때문에 이전에는 전혀 생각하지 못했던 부분까지 새롭게 규칙을 정해야 할 필요가 생기거든요.

의학과 생명과학 분야에서 발생할 수 있는 대표적인 문제를 생각해 볼까요? 아주 특수한 체질의 사람이 있다고 가정해 봅시다. 혈액형도 흔치 않아 수혈받기도 어렵고, 장기 이식은 더더욱 힘든 사람입니다. 그런데

• 최초로 복제된 포유동물 돌리의 박제 •

복제양 돌리는 포유동물을 최초로 복제한 사례로,
지금의 기술이면 인간 복제도 불가능하지는 않을 것입니다.
법은 이러한 새로운 기술을 어떻게 통제하고 관리해야 할까요?

이 사람이 어느 날 큰 병에 걸렸습니다. 치료를 위해서는 장기 이식 수술을 받아야 하는데, 맞는 장기나 수술에 필요한 혈액을 찾기가 불가능한 상황이지요. 만약 이럴 때 진보한 생명과학 기술을 이용해 이 사람과 똑같은 신체 조건을 지닌 복제 인간을 만들고, 그 복제 인간의 장기를 이식한다면 어떨까요?

이제는 복제양 돌리처럼 인간도 복제할 수 있는 시대가 되었습니다. 법에서 규제만 하지 않는다면 기술적으로 인간 복제는 전혀 어려운 문제가 아니지요. 하지만 인간 복제를 무제한 허용한다면 위와 같은 경우는 언제든 나타날 수 있습니다. 영화 〈아일랜드〉(2005)에 이와 유사한 사례가 나옵니다. 이 영화는 복제 인간의 시각에서 이야기가 전개됩니다. 우리 인간과 똑같이 먹고 마시고 사랑하며 인생을 살아갈 수 있는 복제 인간들이 자신이 어떤 존재인가를 우연히 알게 되면서 이 운명에서 벗어나고자 발버둥 치는 내용을 담고 있지요. 노벨 문학상 수상자인 가즈오 이시구로의

소설 《나를 보내지 마》 역시도 '진짜' 인간의 편의를 위해 만들어진 복제 인간들의 삶을 그립니다.

장기 이식이 필요한 환자를 위해 복제 인간의 장기를 적출하여 이식한 뒤 복제 인간이 버려지는 일이 벌어진다면 이는 정말 심각한 법적, 윤리적 문제가 될 것입니다. 또는 이런 경

• 2017년 노벨 문학상 수상자 가즈오 이시구로 •

우도 있을 수 있습니다. 자식을 잃은 부모가 슬픔을 이겨내기 위해 자식의 유전자와 똑같은 인간을 복제하여 자식으로 삼고 싶어 한다면 이를 허용해야 할까요?

조금 더 극단적인 사례를 생각해 보겠습니다. 이제는 유전자를 조작하여 아이를 출산하는 일도 가능해졌습니다. 만약 정말 뛰어난 인재가 필요하다는 이유로 각 분야에서 뛰어난 사람의 유전자를 섞어 아이를 출산한다면 어떨까요? 다른 문제는 제쳐 두고라도, 이 경우에는 태어난 아이의 부모가 누구인지 알 수 없거나 부모가 여럿이 되는 문제가 생기겠지요. 여기서 더 나아가 유전자를 제공한 이들 중 한 명이 사망한다면 이 아이는 그 사람의 재산을 상속받을 수 있을까요?

인간 복제나 유전자 조작의 문제는 생명 윤리의 문제이면서 동시에 법적 분쟁의 문제입니다. 그래서 인간을 복제하거나 유전자를 조작하여 아이를 출산하는 일을 무제한 허용할 수는 없습니다. 하지만 인간 복제나 유전자 조작 연구를 아예 금지할 수도 없습니다. 윤리적으로 심각한 문제가 되지 않는 수준에서 인간 장기만 배양할 수도 있고, 자식에게 유전적인 질병을 물려주지 않기 위해 유전자 일부를 조작하는 정도는 이로울 수 있기 때문입니다. 그래서 이제는 인간 복제나 유전자 조작을 어느 정도 허용해야 하는지, 어느 선을 넘는 경우 금지해야 하는지 사회적으로 활발한 논의를 거쳐야 합니다. 그리고 그러한 논의를 토대로 인간 복제나 유전자 조작을 적절히 통제하는 새로운 법률을 만들어야 하는 상황이지요.

우리나라도 인간 복제나 유전자 조작을 통한 출산 등을 제한하기 위해 만들어진 법률이 있습니다. 바로 '생명윤리 및 안전에 관한 법률'입니다. 이 법은 제1조에서 법률의 목적을 밝히고 있습니다.

> 생명윤리 및 안전에 관한 법률 제1조 [목적]
>
> 이 법은 인간과 인체 유래물 등을 연구하거나, 배아나 유전자 등을 취급할 때 인간의 존엄과 가치를 침해하거나 인체에 위해를 끼치는 것을 방지함으로써 생명윤리 및 안전을 확보하고 국민의 건강과 삶의 질 향상에 이바지함을 목적으로 한다.

즉 이러한 법률을 통해 여성의 난자를 돈 받고 매매하는 유상 거래를 금지하고 처벌하는 등, 과학기술의 발전이 인간의 존엄과 가치를 침해하지 않도록 법으로 막는 것이지요.

우리나라에서 대리모 계약이 가능할까요

대리모(代理母, surrogacy)라는 말을 들어본 적이 있나요? 대리모란 아이를 임신, 출산하여 다른 사람에게 준 여성을 의미합니다. 아이를 낳았는데 사정이 허락하지 않아 어쩔 수 없이 입양을 보낼 수밖에 없는 처지의 여성과는 조금 다릅니다. 어떻게 다른지 다음의 사례를 통해 한번 살펴보겠습니다.

철수와 영희는 결혼한 지 10년이 지나도록 아이가 없었습니다. 임신이 되어도 영희의 몸이 허약해 계속 유산이 되었지요. 철수와 영희는 논의 끝에 영희의 난자를 시험관에서 수정한 뒤 건강한 다른 여성 옥자의 자궁에 착상하여 아이를 낳기로 했습니다. 그래서 철수와 영희는 옥자에게 돈을 지불하고 철수의 정자와 영희의 난자를 시험관에서 수정한 뒤, 그 배아를 옥자의 자궁에 착상시켜 옥자의 뱃속에서 태아를 키우고 출산하여 철수와 영희에게 넘겨주기로 계약했습니다.

결국 옥자가 계약한 대로 아이 영수를 낳자, 철수는 아이 영수의 어머니를 '영희'로 기재하여 출생신고를 했습니다. 그러나 담당 공무원은 출생신고서에 기재한 어머니의 성명(영희)과 출생증명서에 기재된 어머니의 성명(옥자)이 일치하지 않는다는 이유로 출생신고를 받아주지 않았습니다. 산부인과 병원에서 작성한 출생증명서에는 아이를 낳은 엄마가 옥자로 되어 있는데, 출생신고서에는 아이의 엄마가 영희로 되어 있었기 때문입니다.

위의 사례에서 볼 수 있듯, '대리모'가 성립하려면 다른 여성이 대신 아이를 낳아주기로 하는 계약이 먼저 이루어집니다. 이때 대리모 자신의 난자를 통해 출산하는 경우도 있고 자궁에서 다른 부부의 수정란을 키워 출산하는 경우도 있는데, 후자의 경우가 많습니다. 만약 위의 사례에서 철수와 영희가 대리모 계약서를 보여주면서 영희를 어머니로 하는 출생신고를 받아달라고 요구하면, 공무원은 출생신고를 받아들여야 할까요?

우리나라에서 대리모를 통한 출산을 내용으로 하는 계약은 민법 제103조 [반사회질서의 법률행위]에 따라 선량한 풍속 기타 사회질서에 위반되어 무효입니다. 설령 당사자들이 합의했다고 해도 애초부터 효력이 발생하지 않는 것이지요. 결론적으로 우리나라에서는 직접 출산한 옥자를 어머니로 하는 출생신고만 받아 줄 수 있습니다.

또 만일 위의 사례에서 옥자가 뱃속에서 태아를 키우다 보니 아이에게 정이 들어, 출산한 아이를 철수와 영희에게 줄 수 없다고 하면 어떻게 될까요? 혹은 아이를 철수와 영희에게 넘겨주었지만 아이가 너무 보고 싶은 나머지 아이를 돌려 달라고 하거나, 정기적으로 아이를 만나게 해달라고 요구한다면 어떻게 해야 할까요? 철수와 영희는 옥자의 요구를 들어주어야 할까요?

조금 복잡하게 보일 수 있겠지만, 어떻게 되는지 궁금한 친구들을 위해 조금 더 자세히 설명해 볼게요. 철수와 영희, 옥자의 대리모 계약은 우리나라에서 인정되지 않는 계약으로 무효입니다. 따라서 이로 인해 발생한 분쟁을 법이나 재판으로 해결할 수 없어요. 만약 진짜 어머니인 옥자가 아이를 넘겨주지 않았다고 철수와 영희가 소송을 제기하거나, 반대로 이미 아이를 넘겨주었지만 너무 보고 싶어서 옥자가 아이를 만나게 해달라고 소송을 제기해도 법원은 그러한 청구를 기각할 수밖에 없습니다. 대리모 계약 자체가 무효이기 때문에 그 계약 내용을 근거로 한 청구는 어떤 법적인 힘도 갖지 못하기 때문입니다.

하지만 다른 나라에서는 대리모 계약의 법적 효력을 인정하기도 합니다. 또 대리모 계약을 인정할 경우에도 실제로 출산한 여성을 법적인 어머니로 인정할지, 유전적으로 난자를 제공한 여성을 어머니로 봐야 하는지는 나라마다 다릅니다.

가령 영국은 '대리모 계약법'이 존재합니다. 이 법은 돈을 벌기 위한 영리 목적의 대리모 계약은 금지하고 처벌하는 반면, 비영리 목적의 대리모 계약은 허용하고 있습니다. 만약에 대리모 계약이 돈을 벌기 위한 목적으로 이루어진다면, 대리모 계약이 돈을 벌기 위한 산업이 되어버리고 여성의 몸이 돈을 벌기 위한 수단으로 전락하여 인간의 존엄성에 반할 수 있기 때문입니다.

대리모 계약 관련 법률은 어떻게 정비되어야 할까요

적어도 현재 기술 수준에서 난임 부부가 아이를 가지려면 대리모 기술에 의존해야 할 것처럼 보입니다. 이미 살펴본 바와 같이 우리나라는 대리모 계약을 무효로 보고 있지만 절실한 사람들은 어떻게든 대리모를 구하려 할 것입니다. 법에서는 무효인 계약이라도 당사자들이 몰래 계약하고 실행한다면 이를 막기란 쉽지 않습니다. 이런 상황에서 관련 법률이 제대로 갖추어지지 않으면 결국 대리모는 법의 보호를 받지 못하게 되지요. 현실에서 엄연히 대리모 출산이 이루어지고 있고 전 세계적으로 대리모 계약을 허용하는 국가도 늘어나는 만큼, 우리나라도 여러 관계자의 이익을 고려하여 관련 법을 정비할 필요가 있습니다.

대리모 계약은 생각보다도 더 복잡한 문제입니다. 가령 대리모 계약을 아예 금지하면 난임 부부가 아이를 가질 수 있는 마지막 수단을 막게 됩니다. 이는 난임 부부의 행복추구권을 침해할 우려가 있지요.

우리나라처럼 대리모 계약을 적극적으로 금지하거나 처벌하지는 않더라도 결국은 무효인 계약으로 본다면, 대리모 출산이 계속 법의 사각지대로 남겨집니다. 그러면 앞에서 살펴보았던 것처럼 대리모로 일하는 여성이 아이를 낳는 도구로 전락해 건강이 나빠질 뿐만 아니라 대리모가 자신이 낳은 아이를 만나고 싶어도 그럴 수 없게 될 우려가 있습니다. 그렇다고 대리모의 권리만을 고려한다면 난임 부부는 자신들의 유전자를 물려받은 자식에 대해 제대로 권리를 행사할 수 없게 되어 이 또한 문제가 되지요.

아이의 입장에서도 한번 생각해 봅시다. 대리모에게서 태어난 아이는 유전적인 부모와 태아 시절 자신을 뱃속에서 길러 준 모친 사이에서 갈등과 방황을 할 수 있습니다. 이는 아이의 인권에도 심각한 영향을 미치지요.

복잡하고 어려운 문제이지만, 우리 기술이 대리모보다 더 나은 대안을 제시할 수 없다면 이러한 상황이 계속될 것입니다. 결국 현실적으로 대리모가 낳은 아이, 대리모, 유전적 부모, 이 모든 사람의 권리가 조화롭게 조정될 수 있도록 새롭게 법과 제도를 정비해 나가야 합니다. 예를 들어 대리모 계약의 효력을 인정하는 입법을 통해 출산 후 유전적인 부모에게 아이를 넘겨주었더라도 대리모가 주기적으로 아이를 볼 수 있도록 하는 권리(면접 교섭권)를 부여한다거나, 아이가 원하면 아이가 대리모를 정기적으로 볼 수 있도록 아이에게도 권리를 주는 방안을 생각해 볼 수 있습니다.

법은 어떻게
정당성을 부여받을까요?

사회의 질서를 유지하기 위한 법이 만들어지면 사회의 구성원들은 그 법을 지켜야 하는 의무가 생깁니다. 그런데 법을 지켜야 하는 이유에 대해서 사람들은 왜 아무런 의문을 가지지 않았을까요? 쉽게 말해서 법은 무엇을 근거로 사회 구성원에게 강제력을 행사하는 정당성을 가지게 되었을까요?

신 중심의 세계관이 지배했던 중세까지는 사람들은 '법'을 신의 명령이기에 지켜야 한다고 생각했습니다. 하지만 르네상스 시대에 인간 중심의 세계관이 나타나면서 근대 이후에는 '법'이 사람들 사이의 약속이기에 지켜져야 한다고 인식되었습니다. 다음에서 설명하는 '왕권신수설'과 '사회계약설'을 비교하여 살펴보면 이해하기가 쉬울 것입니다.

법은 신의 명령이라고 여긴 왕권신수설

왕권신수설이란 말을 들어보셨나요? 세계사 시간에 얼핏 들어보았을 텐데, 왕권은 신이 수여했기에 절대 권력일 수밖에 없다는 내용입니다.

왕이 백성을 다스리는 권한은 신으로부터 주어졌으니 절대적이라는 의미입니다. 17세기 이래 유럽에서는 왕권신수설이 유행하여 절대 왕정을 옹호하는 정치 사상으로 기능했습니다. 이 사상에 의하면 왕권은 신이 내려 준 신성한 것이므로 국왕은 신에게만 책임을 지며, 백성이 국왕에게 반역하는 것은 곧 신에 대한 반역을 의미합니다. 루이 14세가 "짐이 곧 국가다."라고 한 말은 왕권신수설을 가장 잘 표현한 말이라고 할 수 있습니다.

• 프랑스 루브르 박물관에 보관된 함무라비 법전 비석 •

이러한 생각은 함무라비 법전의 비석에서도 나타납니다. 함무라비 법전 비석 윗부분에는 태양신이 함무라비 왕에게 법전을 건네는 장면이 그림으로 담겨 있지요. 이처럼 신 중심의 세계관이 지배적이고 이를 바탕으로 한 왕권신수설이 통용되던 중세까지는 '법'이 왕을 통한 신의 명령이라고 생각했습니다. 바로 여기에 법의 정당성이 있다고 생각했지요.

법은 사회 구성원 간의 약속이라고 보는 사회계약설

현대를 살고 있는 우리에게 왕의 권력은 신으로부터 받은 것이니 절대적으로 복종해야 한다고 말한다면 모두가 말도 안 되는 소리라고 생각할 것입니다. 우리는 국가의 주인이 국민인 우리라는 사실을 이미 배워서 알고 있습니다. 그렇다면 국가의 주인이 국민이라는 생각은 언제부터 시작되었을까요? 바로 왕권신수설에 반대하며 나타난 사회계약설에서부터 시작되었습니다. 사회계약설에서는 사회의 질서를 유지하는 '법'이 신으로부터 내려온 절대적인 것이 아니라, 사회 구성원들이 사회질서를 유지하고 자신의 권리를 지키기 위하여 서로 약속한 것이라고 봅니다.

말하자면 사회계약설에서는 모든 인간이 천부의 권리(하늘이 준 권리)를 가지고 태어난다고 봅니다. 하지만 아무런 규율이 없는 자연 상태에서는 자신이 가진 자유와 권리를 보장받기 어렵지요. 그래서 사회질서를 유지하기 위해 사람들끼리 계약을 맺어 국가를 만들고, 자신의 권리를 국가에 위임했다고 설명합니다.

이러한 사회계약설에 따르면 국가는 시민의 자유와 권리를 보장하기 위해 법을 만들고 법을 통해 합법적으로 권력을 행사할 수 있습니다. 결국 사회계약설이 등장하면서 법의 정당성은 신에게서 부여받은 것이 아니라 인간들끼리의 약속이 되었지요.

사회계약설을 주장한 대표적인 학자로는 홉스와 로크, 루소가 있습니다. 각자의 생각은 약간씩 차이가 있는데, 그중 루소는 프랑스 사람으로서 뛰어난 계몽사상가였고, 그의 사회계약설은 프랑스 혁명이 일어나는

데 결정적인 역할을 합니다.

정리하여 설명하자면, 신 중심의 세계관이 지배했던 중세까지는 사람들이 법을 지킨 이유는 '법'을 신의 명령이라고 생각했기 때문입니다. 하지만 르네상스 시대에 세계관이 인간을 중심으로 개편되면서, 근대 이후에는 '법'이 인간의 자유로운 약속을 통해 만들어졌기에 지켜져야 한다고 여겨지게 되었습니다.

법은 어떻게 발전되어 왔을까요

법은 사회와 밀접한 관련이 있습니다. 사회가 변화하면 법도 함께 변화하기에, 역사적으로 법은 계속해서 그 모습을 바꾸어 왔지요. 그래서 과거의 법을 보면 당대의 사회가 어떤 모습이었는지도 짐작할 수 있습니다. 당시의 사람들은 어떻게 살았는지, 그 사회에서는 어떤 가치를 중시했는지 등을 알 수 있지요.

아울러 전 세계가 서로 가까워지면서 세계 각국은 서로 긴밀히 영향을 주고받기 시작했습니다. 우리의 법 체계 또한 그렇습니다. 우리와 밀접하게 교류하는 주요 국가의 법률제도와 현재 우리의 법 제도는 닮은 부분이 많고, 법의 역사를 살피다 보면 세계사적으로 커다란 사건들을 많이 만날 수 있습니다.

법은 어떻게 생겨났을까요

우리는 일상에서 자주 '법'이라는 말을 접합니다. 어떤 일을 하면 법에 걸린다든가, 법대로 하라든가, 다양한 맥락에서 사용되지요. 그렇다면 과연 법이란 무엇일까요?

우선 법의 어원을 살펴봅시다. 서양에서는 고대 그리스 시대에 자연의 질서를 의미하는 '피시스(physis)'에 대응하는 개념으로 인간사회의 질서를 의미하는 '노모스(nomos)'라는 용어를 사용했습니다. 노모스는 인간이 사회에서 지켜야 할 질서, 즉 인위적이고 강제적이라는 의미를 지닌 용어이며, 현대의 규범(norm)과 유사한 용어입니다.

동양에서는 현재 '法'이라는 한자를 사용하고 있습니다만, 원래는 '灋'이라는 복잡한 글자였습니다. '灋'이라는 한자는 물 수(水)와 해태 치(廌), 그리고 갈 거(去)가 결합된 글자입니다. 해태는 중국의 전설에 나오는 동물인데, 옳고 그름을 가릴 수 있는 능력이 있어 죄가 있는 자를 뿔로 들이받았다고 합니다. 법이라는 글자의 유래에 비추어 보면 동양에서 법이란 평평한 물처럼 공평하게 분쟁을 해결하는 규범, 즉 옳고 그름을 분별하여 악을 제거하는 규범이라는 의미입니다.

먼 옛날에도 법이 있었을까요

법의 역사는 문명의 발전과 밀접한 관련을 맺고 있습니다. 법은 우리의 생활을 규율하기 때문이지요. 지금으로부터 5,000년도 더 전인 기원전 30세기경 고대 이집트에는 정의와 도덕의 신 마아트에 기초한 민법이 있었다고 합니다. 기원전 1750년경에는 함무라비 왕이 바빌로니아 법을 편찬하여 나라 곳곳에 비석으로 새겼지요. '함무라비 법전'으로 알려진 이 비석은 19세기에 완전한 형태로 발굴되어 각국 언어로 번역되었습니다. 함무라비 법전은 타인에게 해를 가하면 그와 동일한 처벌을 내린다는 동해보복형(눈에는 눈, 이

• 이집트 정의와 도덕의 신 마아트 •

· 구약의 대표적 율법인 십계명 ·

에는 이)으로 잘 알려져 있지만, 그 외에도 운송이나 중개 등 상업과 관련된 규정까지 포함되어 있었습니다.

뜻밖으로 여겨질 수도 있겠지만, 기독교에서 경전으로 읽는 구약성서 또한 현대의 법체계에 많은 영향을 미쳤습니다. 구약성서는 지금으로부터 약 3,000년 전인 기원전 1280년경 쓰였다고 추정되는데, 사회가 안정적으로 유지될 수 있도록 도덕적으로 행동하라는 권유를 담고 있습니다. 구약성서에는 613개의 율법이 전해지는데, '부모를 공경하라', '살인하지 말라', '간음하지 말라', '도둑질 하지 말라' 같은 규율이 포함되어 있었지요.

동양에서는 중국 춘추전국 시대(기원전 770~221년)의 제자백가 중 한 학파인 '법가(法家)'가 행동에 따라 엄격하게 상벌을 주는 법률체계를 제안했습니다. 이는 중국 최초의 통일국가인 진나라에서 받아들여졌지요. 춘추전국 시대의 대표적인 사상가라고 하면 유가 사상이 먼저 떠오를지도 모르겠네요. 유가 사상은 우리나라에서도 조선시대에 나라의 근간을 이루는 사상으로 여겨졌으니까요. 유가 사상의 창시자인 공자의 제자들은 인(仁)을 중심으로 한 인간의 정신적인 덕을 중시했습니다. 유가 사상은 인간의 본성이 선하다는 성선설에 입각하여 군주가 덕으로써 백성을 이끌어나가는 왕도정치(王道政治) 또는 덕치주의(德治主義)를 추구했습니다. 이와 달리 법가 사상은 인간의 본성이 반드시 선하다고 볼 수 없다는 성악설의 입장을 취합니다. 인간은 본디 악하게 태어나기에 단순히 덕으로 백성을 이끄는 데에는 한계가 있다고 보아, 법이라는 시스템을 통해 체계적으로 나라를 이끄는 것이 중요하다고 생각한 것입니다.

우리나라의 법은 어떻게 발전되어 왔을까요

우리나라의 건국 신화에는 호랑이와 곰이 나옵니다. 호랑이와 곰은 사람이 되고자 했고, 그러기 위해서는 마늘과 쑥만 먹으며 동굴에서 100일을 지내야 했지요. 참고 버티며 인간이 된 곰, 웅녀는 하늘에서 내려온 환웅과 맺어져 단군왕검을 낳았습니다. 이 단군왕검이 세운 나라가 바로 우리나라 최초의 국가인 고조선입니다.

고조선이 건국되기 전 사람들은 원시적인 부족을 이루며 살았습니다. 이러한 사회에서는 부족의 우두머리가 옳고 그름을 판별합니다. 부족은 규모가 크지 않아서 우두머리의 명령만으로도 통제할 수 있지요. 하지만 점차 구성원이 많아지고 사회 규모가 커지면서 이들을 통제할 규율이 필요해졌습니다. 바로 법이지요.

기록으로 남아 있는 우리나라의 법 중 가장 오래된 법은 고조선의 팔조법금입니다. 고조선에서 사회질서를 유지하기 위해 마련한 매우 엄격한 법이지요. 이름대로 여덟 개의 조항으로 된 법인데, 오래전에 만들어진 법이라서 대부분 소실되고, 지금은 아쉽게도 세 개의 조항만 전해지고 있습니다. 그 세 가지 조항은 다음과 같습니다.

1. 사람을 죽인 자는 사형에 처한다.
2. 남을 때려 다치게 한 자는 곡식으로 갚아야 한다.
3. 남의 물건을 훔친 자는 그 물건의 주인집의 노비가 되어야 한다. 만일 풀려나려면 50만 전의 돈을 내야 한다.

고조선은 사회질서가 매우 엄격했습니다. 사람을 죽이면 무조건 사형을 받았으니까요. 그만큼 사람의 생명을 중요하게 여겼다는 뜻이기도 하지요. 또한 남을 때려 다치게 하면 곡식으로 갚게 했다는 점을 볼 때 농경 중심의 사회였음을 알 수 있습니다. 마지막으로 물건을 훔치는 행위를 처벌했다는 점으로 미루어 보아 개인의 사유재산이 있었고, 노비가 존재했다는 데서 신분제 사회였음을 알 수 있습니다.

이러한 기본적인 법 규율은 삼국 시대에도 이어져, 신라에서도 살인을 저지른 사람은 사형에 처하고, 물건을 훔치면 그 손해를 물게 했습니다. 또한 고구려에서는 법을 어기면 아주 엄격하게 처벌했기에, 사람들은 길에 떨어진 물건조차 함부로 줍지 않았다고 합니다.

삼국이 통일되어 고려시대로 들어서면 당나라(618~907년)의 형법인 '당률'과, 당률의 영향을 받아 만들어진 송나라(960~1279년)의 형법 '송형통'

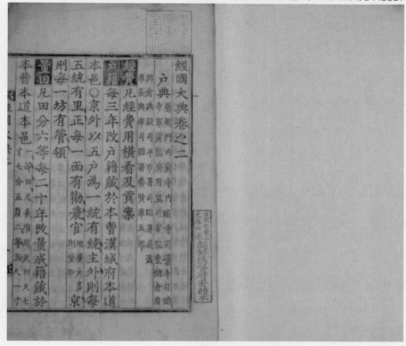

© 한국민족문화대백과사전(encykorea.aks.ac.kr), 한국학중앙연구

• 경국대전 •

조선시대 헌법이라고 할 수 있는 경국대전은
국가의 통치 원칙부터 백성의 일상생활까지
모든 기본 규범을 담았습니다.

에서 국내 사정에 맞는 법인 규율만을 골라 만든 법인 '고려율'이 제정됩니다. 이는 중국의 법제를 참고했지만 고려의 실정에 맞도록 고쳐 제정했다는 점에서 고려의 독자적인 성문 형법으로 평가받고 있습니다.

조선시대에 경국대전이 만들어졌어요

조선시대에는 법 제도가 더욱 발전하여, 현대의 헌법이라고 할 수 있는 '경국대전'이 만들어집니다. 조선 초기의 왕이었던 세조는 당시의 모든 법을 하나로 정리하여 후대까지 전하고자 했습니다. 그러나 이 법전을 정리하는 데 상당한 시간이 소요되어 세조의 손자인 성종대에 이르러서야 완성되었지요. 경국대전은 이전, 호전, 예전, 병전, 형전, 공전의 여섯 가지로 나뉘어 있었습니다. 국가 정책은 이 육전 체제를 따라 이루어졌지요.

'이전'은 중앙과 지방의 관직 제도와 관리의 임명, 승진, 퇴직 등의 사항을 규정했습니다. 지금으로 따지면 공무원법과 비슷하다고 볼 수 있겠네요. '호전'은 세금과 관련된 사항이 규정되어 있었습니다. 현대의 세법인 셈이지요. 또한 세금을 내는 사람들을 잘 파악하기 위한 호적제도와 관련된 내용도 규정되어 있었습니다.

'예전'에 과거제도, 결혼이나 장례, 제사 등의 제도와 절차에 대한 사항을 규정했고, '병전'에는 국방 문제와 군사 제도에 대한 내용들이 포함되어 있었습니다. 지금의 병역법이라고 볼 수 있겠네요. '형전'에는 지금의 형법과 유사하게 형벌이나 재판, 노비 등에 관한 사항이 규정되어 있었고, '공전'에는 건축, 교통, 도로, 산업 등에 관한 규정이 포함되어 있었습니다. 예를 들어 조선시대에는 신분에 따라 지을 수 있는 집의 크기도 달랐는데, 공전에는 그러한 내용이 포함되어 있습니다.

이처럼 경국대전은 국가 전체의 통치 원칙에서부터 백성들의 일상생활에 이르기까지 정치, 경제, 사회, 문화의 기본 규범을 담은 종합적인 법전입니다. 조선왕조 500년 동안 나라를 다스리는 기본 법전의 역할을 했지요. 이처럼 경국대전은 조선시대에 최상위의 법으로 국가의 체계를 규정하면서 조선을 유교적 법치 국가로 만든 기본 법전이었습니다. 지금의 법체계에 비유하자면 조선시대의 헌법이라고 할 수 있지요. 이처럼 경국대전은 오늘날 헌법의 역할을 했고, 오랜 기간 그 효력을 발휘했기에 조선최고의 법으로 칭송받고 있습니다.

조선 말기인 1894년, 고종은 우리나라의 최초의 근대 헌법이라고 할 수있는 '홍범 14조'를 반포하고, '법무아문 권설 재판소'를 만들기도 했습니다. 홍범 14조는 갑오개혁 당시에 정부에서 발표한 개혁안으로, 홍범(洪範)이란 큰 법, 즉 기본이 되는 법이라는 의미입니다. 홍범 14조는 신분제도 폐지, 과거제도 폐지, 과부의 재가 허용 등을 내용을 담고 있었습니다. 이전의 경국대전은 성리학을 기본 이념으로 하여 과부의 재가를 금지했고, 서얼은 과거에 응시하지 못하도록 규제하는 등 전근대적인 한계가 있었지만, 홍범 14조는 신분제 폐지, 과부의 재가 허용 등을 담고 있어 우리나라 최초의 근대 헌법이라는 평가를 받고 있습니다. 1895년 을미개혁 이후에는 법률 제1호인 '재판소 구성법'이 제정되어 오늘날과 같은 재판소가 생겨났습니다.

1910년 일본이 우리나라를 강제로 합병하여, 우리나라 사람들은 일본 재판소에서 재판을 받아야 했습니다. 그러나 1945년 해방을 맞이한 이후에는 정식 헌법에 의해 독립된 사법부가 탄생했습니다. 오늘날에는 국민이 직접 뽑은 국회의원들이 국민의 뜻에 따라 법을 만들고 고침으로써 법이 더욱 발전해가고 있습니다.

2

어떻게 국민이
법을 만들게 되었을까요

앞에서 계속 살펴보았던 것처럼, 현대에는 국민의 대표자인 국회의원들이 법을 만듭니다. 절차만 보면 국회의원들만 법을 만드는 것처럼 보이지만 그 정치인을 선출하는 것이 국민이니, 사실상 국민이 법을 만드는 것이라고 볼 수 있지요. 하지만 역사적으로 보면 국민의 대표자가 법을 만들기 시작한 지는 그리 오래되지 않았어요.

혹시 '계몽사상'이라는 말을 들어보셨나요? 계몽사상은 18세기 유럽, 특히 프랑스를 중심으로 발전했는데, 전통적이고 종교적인 권위나 잘못된 관습, 편견, 미신에서 벗어나 인간의 이성으로 사고해야 한다고 주장한 사상입니다. 이 계몽사상은 서양 근대사상의 기초가 되었지요. 계몽사상의 영향으로 왕이 아닌 국민이 국가의 주권자이고, 국민의 대표자가 법을 만들어야 한다고 생각하게 되었습니다.

근대 이전까지 나라를 다스리는 통치권은 신이 왕에게 준 것이라는 생각이 지배적이었습니다. 이를 왕권신수설이라고 하지요. 하지만 계몽사상이 등장하면서 신이 아니라 국민이 왕에게 통치권을 준 것이라는 생각을 하게 되었습니다. 그래서 법을 만드는 주체도 국왕이 아니라 국민의 대표자여야 하며, 사법부라는 별도의 권력이 재판을 해야 한다는 생각도 하게 되었지요. 지금 우리가 생각하는 국가의 체계와 법치주의의 기초는 이 무렵에 만들어졌다고 할 수 있어요.

계몽사상에서 현대적인 법치주의가 시작되었어요

왕이 나라를 다스릴 권리는 신이 아니라 국민의 동의를 통해 주어진 것이라고 주장한 대표적인 계몽사상가가 바로 장자크 루소(Jean-Jacques Rousseau, 1712~1778)입니다. 루소는 《사회 계약론》이라는 책에서 이러한 주장을 펼치면서, 나라의 주권은 국민에게 있다고 주장했습니다.

또 다른 계몽사상가인 몽테스키외는 1748년에 《법의 정신》을 발표해 삼권분립을 주장했지요. 삼권분립이란 말 그대로 나라의 권력을 셋으로 나누어야 한다는 주장입니다. 앞에서 본 것처럼 입법권, 사법권, 행정권으로 권력을 나누어서 서로 견제하도록 해야 한다는 것이지요.

몽테스키외의 《법의 정신》이 발표되기 이전에는 법을 만드는 주체가 왕이나 국가였습니다. 과거에는 왕권신수설을 바탕으로 왕이 곧 국가라는 의미에서 왕이 통치의 주체가 되어 왕이 법을 만들고, 국민은 법을 지켜야

• 《사회 계약론》을 집필한 장자크 루소 •

• 삼권분립론을 주장한 몽테스키외 •

하는 통치의 대상일 뿐이었지요. 하지만 몽테스키외의 주장으로 법을 만드는 주체는 국민의 대표자로 구성된 의회가 되었습니다.

국민의 대표자로 구성된 의회가 법을 만든다는 것은 국민이 통치의 대상이면서 동시에 통치의 주체가 된다는 의미입니다. 국민이 통치를 받으면서 동시에 스스로를 통치한다는 것이지요. 몽테스키외의 주장은 통치의 주체가 왕이나 소수의 귀족이 아니라 다수의 국민이며, 이들이 국가의 주인이라는 중요한 생각의 전환을 가져옵니다. 현대에는 너무나 당연하게 여겨지는 생각이지만, 당시에는 너무나 충격적인 나머지 몽테스키외의 저서가 교회의 금서로 지정될 정도였지요.

왕이나 일부 귀족이 만든 법을 일반 국민이 지켜야 한다는 법치주의는 전근대적 의미의 법치주의입니다. 몽테스키외의 주장으로 권력을 분리하

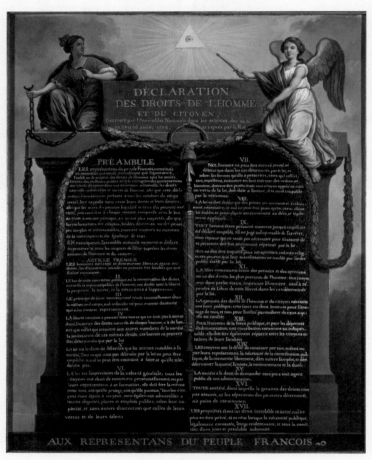

• 인간과 시민의 권리선언 •

프랑스 혁명의 결과 발표된 인간과 시민의 권리선언은
우리나라의 헌법 정신에도 크나큰 영향을 미쳤습니다.

여 국민의 대표자인 의회가 법을 만들며, 그러한 법은 일반 국민뿐 아니라 통치자도 지켜야 한다는 생각이 등장했지요. 바로 이 개념이 근대적 의미의 법치주의라고 할 수 있습니다.

몽테스키외의 이런 주장은 프랑스의 '인간과 시민의 권리선언'(1789년)에 지대한 영향을 끼쳤습니다. 프랑스 혁명이 진행되고 있던 1789년 8월 26일, 국민의회는 국민으로서 누려야 할 권리에 대해 '인간과 시민의 권리선언'을 선포했지요. 짧게 줄여 '프랑스 인권선언'이라고 부르는 이 선언은 프랑스 혁명의 핵심 정신을 담고 있습니다. 인간의 기본권과 저항권 등을 비롯해 몽테스키외가 주장했던 국민주권과 권력분립의 원칙이 잘 나타나 있지요.

몽테스키외의 사상은 더 나아가 미국의 헌법에도 큰 영향을 미쳤습니다. 18세기 중반까지 미국은 지금처럼 하나의 독립된 국가가 아니라 영국의 식민지에 불과했습니다. 영국의 식민지였던 13개 주가 모여 1776년 7월 4일 독립을 선언하고, 8년에 걸쳐 독립전쟁을 치렀지요. 결국 미국은 전쟁에서 승리하고 1783년 9월 3일 파리 조약을 거쳐 완전한 독립국으로 인정받게 되었습니다. 그리고 독립 후 1781년에 제정된 13개 독립 주의 연합규약을 개정하기 위해 1787년 필라델피아에 소집된 헌법제정회의가 미국의 헌법을 제정했지요. 이 헌법에도 몽테스키외의 사상이 녹아 있답니다.

법은 국민의 기본권을 보장해야 해요

우리는 앞에서 나치 독일의 사례를 보았지요. 나치당이 일당 독재를 하는 과정에서 절차적인 문제는 전혀 없었습니다. 히틀러는 투표를 거쳐 합법적으로 독재자가 되었고, 게르만 민족이 세계에서 가장 뛰어나다며 독일인들을 선동하여 유대인을 학살하고 세계를 지배하겠다는 망상으로 제2차 세계대전을 일으켰습니다.

제2차 세계대전 이후 법률이 의회에서 다수결로 통과되어야 한다는 형식적인 합법성뿐 아니라, 법률의 목적과 내용도 정의와 헌법의 이념에 합치되어야 한다는 '실질적 법치주의'의 필요성이 대두되었습니다. 오늘날 법치주의라고 하면 국민의 권리와 의무에 관한 사항을 법으로 정해야 한다는 형식적 법치주의에서 그치는 것이 아니라, 그 법률의 목적과 내용이 국민의 기본권 보장이라는 헌법 이념에 맞아야 한다는 실질적 법치주의를 의미합니다. 법을 통해 진정한 정의를 실현하고 인간의 존엄성을 추구하며 실질적 자유와 평등을 실현하고자 하는 것이지요. 현대의 법치주의는 헌법을 최고 규범으로 삼고, 국가가 개인의 기본적인 자유와 권리를 침해하지 않도록 보호하면서 법의 절차적 정당성뿐만 아니라 그 내용까지 정당할 것을 요구하는 실질적 법치주의를 지향합니다.

간단하게 말해, 형식적 법치주의는 통치의 합법성을 요구하는 반면 실질적 법치주의는 통치의 합법성뿐 아니라 통치의 정당성까지 요구합니다. 너무 어렵게 느껴지나요? 그러면 실질적 법치주의의 예를 들어보겠습니다. 만일 국회에서 "중학생은 남학생이라면 두발을 2센티미터 이하의 단발로, 여학생은 두발은 10센티미터 이하로 하도록 하며, 이를 어길 시 단속하여 생활 기록부에 규율 위반 행위 1회로 등재하도록 한다."라는 법을 만들었다고 가정해 봅시다. 국회에서 합법적인 절차를 거쳐 통과된 법이니 지켜야 한다고 주장하는 사람은 형식적 법치주의를 따르는 사람입니다. 이에 반해 아무리 합법적인 절차로 만들어진 법이지만 그러한 법은 학생들의 인권에 반하므로 법치주의에 맞지 않는다고 생각하는 사람은 실질적 법치주의에 따라 사고하는 사람입니다.

3

문서로 정리되지 않은 법도 있나요

어떤 법의 내용이 궁금하면 어디서 찾아야 할까요? 단어의 뜻이 궁금하면 사전을 찾아보듯, 법의 내용이 궁금하면 법전을 찾아보면 됩니다. 서점이나 도서관에 가면 법전을 볼 수 있지요. 물론 인터넷으로 찾아볼 수도 있습니다. 우리나라 법제처에서는 국가법령정보센터(https://www.law.go.kr)를 통해 헌법부터 주택임대차보호법까지 모두 열람할 수 있도록 해두었거든요.

우리나라에는 법을 만드는 절차가 규정되어 있어서, 어떤 규율이 필요하다는 합의가 있으면 정해진 절차를 거쳐 법으로 만듭니다. 그리고 이를 문자로 적어서 문서로 만들지요. 우리가 '법전'이라고 부르는 책처럼요. 이를 조금 복잡한 말로 성문법(成文法)이라고 합니다. 풀어 설명하자면 문서로 이루어진 법이라고 할 수 있지요. 우리나라는 원칙적으로 성문법주의를 택합니다.

하지만 모든 나라에서 법을 우리처럼 문서로 정리하지는 않습니다. 어떤 나라에서는 법을 문서로 정리하지 않기도 해요. 이를 불문법(不文法)이라고 합니다. 문서로 표현되지 않은 법이라는 뜻이지요. 미국과 영국에서는 불문법을 사용합니다. 어쩌면 조금 의아하게 생각할 수도 있겠네요. 법을 문서화하지 않으면 사람들은 이를 어떻게 알고 지키는 걸까요?

암묵적으로 알고 지키는 법도 있어요

불문법은 문자로 적혀 있지는 않지만, 대부분의 사람이 알고 있고 또 지켜야 한다고 생각하는 법입니다. 역사적으로 보면 불문법이 성문법보다 먼저 발달했습니다. 조금만 생각해 보면 알 수 있지요. 우리도 일상에서 약속을 할 때 말로 하고, 아주 중요한 일일 경우에만 글로 써서 기록하니까요. 하지만 점차 구성원의 수가 많아지고 사회가 복잡해지면서, 법적 안정성을 도모하기 위해 성문법을 사용할 필요가 생겼지요. 현대에는 대부분의 국가가 성문법주의를 채택하고 있습니다.

하지만 성문법주의를 택하는 곳에서도 불문법을 아예 사용하지 않는 것은 아닙니다. 성문법만으로는 모든 생활 관계를 규율할 수 없을 뿐만 아니라, 성문법으로 규율하기가 적당하지 않은 분야도 있을 수 있거든요. 그럴 때는 불문법이 성문법을 보충하는 역할을 합니다. 이 불문법에는 관습법과 판례법, 조리가 있지요.

관습법이란 말 그대로 관습이 법이 된 것을 말합니다. 오랜 세월 동안 국민이 지켜온 관습을 국가가 법으로 인정한 것이지요. 예를 들어 우리나라에는 과거에 민법이 제정되기 전에도 가까운 친족끼리는 결혼하지 않는다는 관습이 오랫동안 존재했습니다. 성문의 법으로 규정되지는 않았지만 그러한 관습은 불문법으로서 역할을 해왔지요. 그런데 불문법으로서 역할을 해온 관습이 문서로 정리되지 않으면 혼란이 발생할 수 있습니다. 예를 들어 '가까운 친족끼리는 결혼하지 않는다'라는 관습에서 '가까운 친족'이란 어느 정도로 가까운 걸까요? 이런 내용을 보다 명확하고 구체적으로 명시하기 위해 성문화 작업이 필요합니다. 우리나라 민법에는 8촌 이내의 친족은 결혼할 수 없도록 규정되어 있어요.

판례법은 비슷한 사건이 발생했을 때, 이전에 내려진 판결을 법으로 인정하는 것입니다. 이 개념이 아주 이상하게 여겨질지 모르겠네요. 판례란 판결 내용을 기록으로 남긴 것일 뿐인데, 어떻게 '법'으로 기능할까요? 예를 들어 우리나라 도로교통법 제44조 [술에 취한 상태에서의 운전 금지]에는 "누구든지 술에 취한 상태에서 자동차 등, 노면전차 또는 자전거를 운전하여서는 아니 된다."라고 규정하여, 음주운전을 하면 교통사고를 내지 않더라도 처벌하도록 하고 있습니다. 그런데 만일 술에 취해 경운기를 몰다가 음주운전 단속에 걸리면 처벌 대상이 될까요? 여기서 문제는 경운기가 '자동차'에 해당하는지 여부입니다.

도로교통법에서 말하는 자동차는 자동차관리법에 따른 자동차를 의미하는데, 자동차관리법에서는 농업기계화 촉진법에 따른 농업기계는 자동

• 판례법상 '자동차'에서 제외되는 경운기 •

차에서 제외하고 있습니다. 농업용 트랙터나 경운기가 농업기계화 촉진
법에 따른 농업기계에 속합니다. 따라서 도로교통법상 음주운전죄로는
처벌할 수 없습니다. 즉 경운기가 음주운전의 대상이 되는 '자동차'에 해
당하지 않는다는 것이 법원의 판례로 반복되고 있기 때문에 경운기는 자
동차가 아니라는 직접적인 법 규정이 없더라도, 그러한 판결이 마치 법과
같은 역할을 하게 되는 것입니다.

그런데 판례는 판결이 문서로 되어 있을 텐데 왜 불문법으로 보는걸까
요? 학자들은 문서로 기록되어 있을 뿐 아니라 일정한 기관(예를 들어, 우리
나라의 국회)에 의해 제정되고 공포되어야 성문법이라고 봅니다. 판례법은
일정한 기관에 의해 제정된 것이 아니라, 개별적인 사건에 대해 우연히 내
려진 판단이기 때문에 불문법으로 보는 것입니다.

조리(條理)라는 말은 생소하게 느껴질 수도 있을 거예요. 조리는 '사물의 본성', '사물 또는 자연의 이치', '사물의 본질적 법칙', '사물의 도리', '사람의 이성을 기초로 한 규범' 등으로 이해됩니다. 일반 사회의 정의감에 비추어 반드시 그러해야 한다고 인정되는 규범을 말하지요. 만약 어떤 사건이 발생했는데, 이를 규율할 성문법이나 관습법, 판례법이 모두 존재하지 않는다면 조리에 의지할 수밖에 없어요. 말하자면 최후의 수단인 셈이지요. 우리 민법 제1조는 "민사에 관하여 법률의 규정이 없으면 관습법에 의하고 관습법이 없으면 조리에 의한다."라고 하여 민사재판에서 성문법도 관습법도 없으면 조리가 재판의 규범이 된다고 규정하고 있습니다.

혹시 셰익스피어의 희곡 《베니스의 상인》을 읽어본 적이 있나요? 워낙 유명한 이야기라 책으로 읽지 않아도 한 번쯤 들어본 적이 있을 거예요.

• 《베니스의 상인》의 재판관 포샤 •

안토니오는 샤일록에게 돈을 빌리면서 약속한 날까지 돈을 갚지 못하면 자신의 살 1파운드를 주겠다고 계약합니다. 안토니오가 약속한 날까지 돈을 갚지 못하자 샤일록은 계약한 대로 안토니오의 살 1파운드를 가져가겠다고 소송을 제기했지요. 그러자 재판관 포샤는 계약상 '살 1파운드'라고만 되어 있으니, 피는 한 방울도 흘리지 말고 살만 가져가야 한다고 판결했습니다. 살을 떼어내면 당연히 피가 흐를 수밖에 없기 때문에 샤일록은 결국 안토니오의 살 1파운드를 가져가지 못해요.

이를 '조리'의 관점으로 생각해 볼까요? 돈을 갚지 못한다고 남의 신체의 일부를 떼어 가져가겠다는 계약은 조리에 비추어 무효입니다. 현대에도 돈을 빌리면서 못 갚으면 장기를 떼어 주겠다고 '신체 포기 각서'를 쓰는 일이 있습니다. 너무나 충격적이라 뉴스에 나오기도 했지요. 하지만 '신체 포기 각서'는 '사물의 도리', 즉 조리에 맞지 않아 무효입니다.

미국과 영국은 불문법을 사용해요

우리나라나 유럽에서는 법이라고 하면 대부분 성문법을 말합니다. 성문법주의를 택하는 곳에서도 불문법을 사용하기는 합니다만 보충적으로만 사용되지요. 이를 '대륙법'이라고도 하는데, 독일과 프랑스를 중심으로 유럽에서 발전한 형식이라서 그렇습니다. 우리나라도 성문법, 즉 대륙법 체계를 따르고 있지요. 현재 우리나라의 법체계는 일본의 법체계에 큰 영향을 받는데, 일본은 독일의 법체계를 참고했습니다. 그리고 독일법의 뿌리는 고대의 로마법에 있지요. 대한민국 정부 수립 직후 처음 법률을 제정할 때는 일본법의 영향이 컸지만, 정부 수립 후 70년이 지나면서 지금은 프랑스법이나 스위스법, 영미법 등에서 장점을 적절히 혼합했습니다.

영국과 미국, 오스트레일리아는 불문법주의를 택합니다. 그래서 불문법주의를 영미법(英美法, Anglo-American law)이라고도 하는데, 영국에서 발생해 영어를 쓰는 나라와 영국 식민지 국가로 퍼져 나간 법체계라서 그렇게 부릅니다. 영국과 미국 등에서는 판례법이 중요한 부분을 차지하고 있습니다.

그럼 법 적용 측면에서 영미법과 대륙법은 어떻게 다를까요? 대륙법은 이미 제정되어 있는 성문법을 바탕으로 구체적 사건마다 법을 해석, 적용합니다. 법전의 법규 내에서 판결을 하고 전체적인 법적 안정성이 중시되지요. 이에 비해 영미법은 구체적인 사건의 판례를 통해 일반적인 법 원칙을 수립합니다. 즉 개개의 사건에서 구체적 타당성과 정의가 강조되며, 대체로 별도의 법규를 성문화하지 않은 불문법 체계입니다. 연방대법관을 지냈으며 미국의 위대한 법 사상가로 손꼽히는 법률가 올리버 웬들 홈스(Oliver Wendell Homes, 1841~1935)는 "법의 생명은 논리에 있는 것이 아니라 경험에 있다."라고 말하기도 했습니다.

하지만 대륙법과 영미법이 칼로 나누듯 딱 떨어지지는 않습니다. 우리나라 법체계가 대륙법 계열이라고 하지만 영미법계의 법 내용도 지속적으로 도입되어 온 것처럼 말이지요. 예를 들어 우리나라에서도 통용되고 있는 미란다 원칙은 미국의 판례에서 확립된 것입니다. 우리나라 형사소송법 제200조의 5 [체포와 피의사실 등의 고지]에서는 "검사 또는 사법경찰관은 피의자를 체포하는 경우에는 피의사실의 요지, 체포의 이유와 변호인을 선임할 수 있음을 말하고 변명할 기회를 주어야 한다."라고 규정하고 있는데, 이는 영미법계의 미란다 원칙을 우리나라 형사소송법에서 성문화한 경우입니다. 최근 판례를 보더라도 법규 내에서만 판결을 하기 보다는 개별 사건에서 구체적인 타당성을 추구하면서 개인의 권리 구제에 초점을 맞추는 영미법적 경향도 같이 추구하고 있습니다.

적법 절차의 상징, 미란다 원칙

혹시 '미란다 원칙'이라는 말을 들어보셨나요? 경찰이 범죄자를 체포할 때 수갑을 채우며 "당신을 ○○ 혐의로 체포합니다. 당신은 변호인을 선임할 수 있으며, 변명의 기회가 있고, 불리한 진술을 거부할 수 있습니다."라고 말하는 것이 바로 미란다 원칙입니다.

여기서 '미란다'는 멕시코계 미국인 에르네스토 미란다(Ernesto Miranda)의 이름에서 비롯되었습니다. 1963년 3월, 미국 애리조나주 경찰은 미란다를 납치·강간 혐의로 체포했습니다. 경찰서로 연행된 미란다는 피해자에 의해 범인으로 지목되었고, 변호사도 선임하지 않은 상태에서 조사를 받았지요. 미란다는 처음에는 무죄를 주장했으나 나중에는 결국 범행을 인정했습니다.

애리조나주 법원은 미란다에게 총 50년에 이르는 중형을 선고했습니다. 그러나 미란다는 피의자의 권리를 알리지 않았다는 수사 절차의 문제를 이유로 판결에 불복하고 다시 재판을 청구했습니다. 연방대법원은 미란다의 자술에 증거 능력이 없다며 무죄를 선고했지요. 피의자에게 묵비권이 있으며 그의 진술이 법정에서 불리하게 작용할 수 있다는 점, 경찰 조사 과정에서 피의자가 변호사를 선임할 수 있는 권리가 있다는 사실을 경찰이 알려주지 않았기 때문이지요. 이 판결 이후 경찰은 피의자의 권리를 적은 미란다 카드를 만들어 범인을 잡은 후 읽어 주었다고 합니다. 또한 그동안 피의자의 자백만을 증거로 재판에 넘겨 왔던 경찰의 부실한 수사도 반성하는 계기가 되었습니다. 미란다는 무죄로 풀려났습니다.

미란다의 원칙은 아무리 정의로운 목적을 위해 집행되는 법이라도 적법한 절차를 거쳐야 정당성을 갖는다는 '적법 절차의 원리(due process of law)'를 상징합니다. 우리 헌법 제12조에도 "누구든지 법률과 적법한 절차에 의하지 아니하고는 처벌, 보안 처분 또는 강제 노역을 받지 아니한다."라고 하여 인권을 보호하기 위한 적법 절차의 원리를 규정하고 있습니다.

헌법의 정신은
어떻게 만들어졌을까요

　헌법은 영어로 'constitutional law' 또는 'Constitution'이라고 합니다. 여기서 constitute라는 단어는 '구성하다'라는 의미입니다. 결국 헌법은 나라를 구성하는 법이라는 뜻이지요. 헌법에는 나라의 통치 구조와 국민의 기본권 등이 규정되어 있습니다. 법 중에 최고의 법이며 모든 법률은 헌법에 합치되어야 하지요.

　이렇게 중요한 헌법은 특별한 절차를 거쳐서 제정됩니다. 우리나라의 경우에는 해방 직후 헌법을 만들기 위한 국회가 만들어졌습니다. 이를 제헌 국회라고 하는데, 1948년 5월 10일 총선거를 통해 구성되었지요. 이때 대통령제와 단원제 국회를 내용으로 하는 제헌 헌법이 완성되었습니다. 제헌 헌법이 만들어진 뒤에야 대통령 선거가 이루어졌고, 대한민국 정부가 수립되었습니다. 이처럼 우리나라의 경우 일정한 제정 절차에 따라 헌법이 만들어져 성문헌법을 가지게 되었습니다.

· 1948년 5월 10일 총선거 ·

하지만 우리가 이렇게 헌법을 성문 규정으로 만들기까지 역사적으로 많은 투쟁과 노력이 있었습니다. 생각해 보면 우리나라도 왕이 다스리던 나라에서 국민이 스스로를 다스리는 민주주의 국가가 된 지 100년도 채 되지 않았으니까요. 그렇다면 이런 현대적 헌법의 정신은 어디에서 유래한 것일까요?

현대 헌법의 정신은 영국에서 시작되었어요

현대적 헌법 정신의 뿌리를 찾으려면 13세기 영국을 살펴봐야 합니다.

영국은 앞에서 살펴본 것처럼 불문법주의를 채택하는 대표적인 나라입니다. 그래서 영국의 다른 법률이 그렇듯이 헌법 역시 정해진 절차를 거쳐 만들어지지 않았지요. 역사적인 사건이 발생하면서 그 결과로 우연히 헌법이 만들어졌다고 볼 수 있습니다. 헌법이 '우연히' 만들어졌다니, 조금 이상하게 들리지요?

혹시 마그나 카르타(Magna Carta)라는 말을 들어본 적이 있나요? 우리말로는 대헌장이라고도 하지요. 영국 헌법의 시작점을

• 마그나 카르타 •

찾으려면 마그나 카르타부터 시작해야 합니다. 마그나 카르타는 지금으로부터 약 800년 전인 1215년, 존 왕의 폭정을 견디다 못한 귀족들이 왕의 권력을 제한하기 위해 작성한 문서입니다. 이 문서에는 왕이 마음대로 세금을 거두거나 인신을 구속할 수 없다는 내용이 들어 있었습니다. 귀족들은 왕과 맞서 이 문서에 왕의 서명을 받아냈지요. 말하자면 약정서인 셈입니다. 처음에는 귀족과 왕 사이의 약정서였지만, 이 내용은 추후 국민의 자유와 권리를 지키는 방향으로 발전했습니다.

영국의 귀족들은 왕의 권력을 제한하며 왕과 맞섰고, 이 과정에서 귀족들이 모여 의회가 만들어졌습니다. 현대적 의미의 의회는 아닙니다만, 왕이 지닌 절대적인 권력을 견제한다는 의미에서는 유사할 수도 있겠네요.

그리고 1215년의 마그나 카르타 이후 약 400년이 지나, 17세기 초 영국의 왕이었던 찰스 1세가 왕권신수설을 내세우며 전제정치를 펼치자 마그나 카르타의 내용이 다시 대두되었습니다. 당시 법률가이자 하원 의원이었던 에드워드 코크(Edward Coke, 1552~1634)는 마그나 카르타를 다시 꺼내, 왕의 약속은 일반 국민 전체에 대한 약속으로 보아야 한다고 주장했습니다. 그리고 이를 바탕으로 국왕에게 청원이라는 형식으로 국민의 권리를 선언했지요. 이것이 바로 1628년에 발표된 권리청원입니다. 이 문서에는 의회의 동의 없이 왕이 국민에게 세금을 부과하거나 불법으로 체포, 구금할 수 없다는 내용이 담겨 있었습니다. 새로 법을 제정하지 않고 청원이라는 형식을 취한 이유는, 의회가 국왕에게 새로운 권리를 요구하는 것이 아니라 기존의 권리를 재확인한다는 의미였습니다.

그러나 국왕 찰스 1세는 권리청원을 승인한 바로 다음 해인 1629년에 권리청원을 무시하고 의회를 해산시켰습니다. 그리고 무려 11년간 의회를 소집하지 않고 전제정치를 펼쳤지요. 이는 결국 영국에서 청교도 혁명이 일어나는 원인이 되었습니다.

하지만 영국의 혁명은 여기에서 끝나지 않았습니다. 전제정치를 펼친 군주가 그 이후에도 계속 등장했기 때문이지요. 찰스 1세의 아들이었던 제임스 2세 역시도 전제정치를 펼쳤고, 이에 맞서 1688년에 명예혁명이 일어납니다. 이 무렵은 영국 안에서도 의회파와 왕당파가 알력 다툼을 하던 시기였습니다. 명예혁명의 결과 제임스 2세는 추방되고, 의회는 전제정치에 반대하는 윌리엄 3세를 국왕으로 추대합니다. 그리고 헌법에 따라

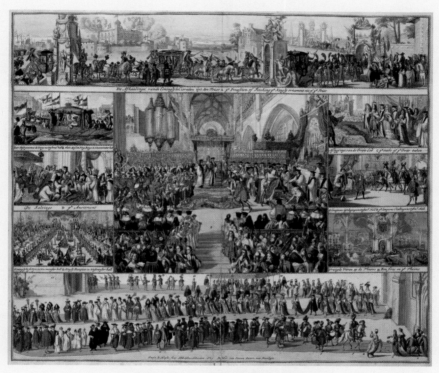

• 윌리엄 3세와 메리 2세의 즉위로 완성된 명예혁명 •

1688년에 일어난 명예혁명을 통해
영국 의회 정치의 기초가 확립되었습니다.

나라를 다스리는 의지를 표명한 인권선언, 즉 권리장전이 발표됩니다.

권리장전은 왕이 의회의 동의 없이 법률을 제정할 수 없으며 과세도 불가능하다는 점을 재확인했고, 그 외에도 국민의 기본권을 보장하는 여러 내용을 포함하고 있었습니다. 의회의 동의 없는 상비군 징집 및 유지 금지, 국민의 자유로운 청원권 보장, 의원 선거의 자유, 의회에서의 언론 자유, 지나친 보석금이나 벌금 및 형벌을 금지하는 내용 등이 담겨 있었습니다.

이러한 권리장전은 영국의 의회 정치의 기초를 확립하고 절대왕정을 종식시켰습니다. 또 영국의 권리장전은 영국 헌정사뿐만 아니라 미국의 독립선언, 버지니아 권리장전, 매사추세츠 권리선언 등에도 영향을 주었고, 이를 통해 프랑스 인권선언에도 영향을 끼쳤습니다.

한편 오늘날 권리장전이라는 말은 일반화되어, 각국의 헌법에 규정된 인권을 보장하는 조항을 가리키는 말로 사용되기도 합니다. 미국에서는 언론·집회 및 예배의 자유와 여타 개인의 권리 중 무기를 소지할 권리를 보장하고 있는 수정헌법 첫 10개 조항을 '권리장전'이라고 지칭합니다. 우리나라의 경우 헌법 제2장의 '국민의 권리와 의무'가 한국의 권리장전이라 할 수 있습니다.

미국 헌법은 세계에서 가장 오래된 성문헌법이에요

18세기까지만 해도 미국은 영국의 식민지였습니다. 영국에서 건너온 사람들이 원래 그 땅에 살고 있던 원주민을 밀어내고 지내고 있었지요. 하지만 영국은 점차 식민지 미국에 많은 세금을 부과하기 시작했고, 결국 미국은 영국과 독립전쟁에 돌입합니다. 이 전쟁에서 패배한 영국은 1783년 파리 조약을 통해 미국의 독립을 승인했지요.

그러나 미국은 독립 이후 새로운 문제에 직면합니다. 이전에는 영국이라는 강대한 적에 맞서기 위해 힘을 합쳤던 13개 주(지금은 50개 주입니다만, 미국이 막 개척되던 당시에는 13개 주였습니다)가 각자의 이익을 위해 대립하기 시작한 것이지요. 미국이 독립전쟁을 수행하는 데는 막대한 자금이 필요했고, 그 때문에 미국은 스페인, 프랑스, 네덜란드 등 강대국에 엄청난 빚을 짊어지고 있었습니다. 각 주 정부들은 이 빚을 서로에게 떠넘기는 상황이었습니다.

이러한 대립이 계속되자, 13개 주 대표들은 힘을 하나로 합칠 필요성을 느꼈습니다. 13개 주가 한데 뭉치려면 강력한 정부가 필요했지요. 결국 이들은 13개 주를 하나의 연합국가로 만들기 위한 헌법을 만듭니다. 미국의 헌법은 1787년에 만들어졌고, 이에 따라 미국 독립전쟁의 영웅이었던 조지 워싱턴이 초대 대통령으로 선출되었습니다. 미국 연방 정부가 탄생하는 순간이었지요.

미국의 헌법은 세계에서 가장 오래

• 미국의 헌법 원본 첫 번째 페이지 •

된 성문헌법입니다. 원래는 법 전문과 본문 7조로 이루어져 있었지만 시대의 변화에 따라 많은 수정을 거쳤지요. 특이한 점은 우리나라의 경우 헌법을 개정할 때 기존의 조항을 수정 또는 삭제하고 새로운 조항을 추가하는 반면, 미국은 기존 조항을 그대로 둔 채 개정 조항을 추가한다는 점입니다. 가장 최근의 개정은 1992년에 이루어졌고, 지금은 27개 조에 이르는 수정조항이 있지요.

미국의 헌법은 세계 역사상 최초로 국민이 국가의 주인이 되는 국민주권의 헌정 원리를 실현했으며, 자유주의와 공화주의 그리고 민주주의 원칙을 근간으로 한 통치 체제를 출현시켰습니다. 또 현실정치에서의 권력분립, 법치주의, 견제와 균형 등 여러 원리도 함께 실현시켰지요.

대체로 세계의 헌법은 통치 구조를 규정할 때 '미국식 대통령제' 또는 '영국식 의원내각제'의 두 가지 방식 중 하나를 취하고 있습니다. 우리나라의 경우에는 미국식 대통령제의 영향을 강하게 받았습니다. 그래서 우리 헌법은 국방이나 외교에 있어서 대통령이 최고의 권한과 책임을 행사하도록 규정하고 있습니다.

소크라테스는 정말로 "악법도 법이다"라고 했을까요?

'소크라테스'라는 이름을 들으면 보통 그가 했다고 알려진 두 발언을 떠올립니다. 하나는 "너 자신을 알라."라고 했다는 것이고 또 하나는 "악법도 법이다."라고 한 것입니다. 특히 두 번째 발언은 그가 사형을 선고받고 독배를 마실 때 했던 말이라고 전해지지요. 하지만 "악법도 법이다."라는 말에는 논란의 여지가 있습니다. 소크라테스가 정말로 그런 말을 했는지, 또 그게 사실이라면 그 말의 진정한 의미가 무엇인지 같은 문제이지요.

일부에서는 소크라테스가 "악법도 법이다."라는 말을 한 적이 없으며 그러한 사상을 지니지도 않았는데, 과거 권위주의 정부가 국민에게 무리하게 준법의식을 강조하느라 소크라테스의 일화를 왜곡해서 교과서에 실었다고 주장하기도 합니다.

그러면 실제로는 어떤지 한번 살펴볼까요? 1990년대까지 우리나라의 여러 교과서에는 소크라테스가 어떻게 죽음을 맞이했는지 다음과 같이 설명하고 있었습니다.

• 자크루이 다비드가 그린 소크라테스의 죽음 •

기원전 399년, 소크라테스는 신을 모독하고 아테네의 청년들을 타락시켰다는 죄로 사형 선고를 받고 감옥에 갇혔다. 소크라테스는 감옥에서 국외 탈출을 권유받았으나, 비록 악법이라도 법을 어겨서는 안된다는 신념을 가지고 기꺼이 독약을 마셨다.

소크라테스의 일화는 그의 제자 플라톤의 저서 《소크라테스를 위한 변론》과 《크리톤》을 통해 후세에 알려졌습니다. 하지만 플라톤의 저서에 등장하는 소크라테스의 일화를 자세히 살펴보면 소크라테스는 "악법도 법이다."라는 말을 한 적도 없고, 또 그렇게 생각해서 독배를 마신 것이 아니라 자신의 철학적 삶을 지키기 위해서 죽음을 선택한 것이라는 해석이 설득력을 얻고 있습니다. 악법도 법이니 지켜야 한다는 의미에서 탈옥을 거부하고 독배를 마신 것이 아니라, '어떠한 상황에서도 악을 행해서는 안 된다'는 소신에 따르기 위해서였다는 것입니다. 자신이 탈옥하면 친구들에게도 해를 끼칠 뿐더러 그의 철학적 삶과도 맞지 않았기 때문입니다.

소크라테스는 "옳고 그름을 스스로 생각해 보라"고 가르쳤어요

2002년 11월 우리나라 국가인권위원회는 초등학교 6학년 도덕 교과서에 실린 글 중 소크라테스가 탈출을 권유하는 친구 크리톤에게 "법은 국가와의 약속이다. 나는 법에 따라 재판을 받았고, 그것이 나의 목숨을 빼앗아 가는 것일지라도 지켜야 한다."라고 말한 구절을 수정하라고 권고했습니다. 소크라테스가 정말 "악법도 법이다."라고 말했는지도 불확실한데다가 설사 그러한 말을 했다 하더라도 악법도 법이니 반드시 지키라는 의미가 아니었기 때문입니다. 그래서 이 부분은 삭제되었지요.

또한 2004년 11월 헌법재판소는 중·고등학교 교과서에 실려 있는, 소크라테스가 악법도 법이라며 독배를 들었다는 내용이 준법 사례로 적절치 않다며 수정을 권고했습니다. 과거 권위주의적이었던 정권이 공동체를 위해서 개인의 기본권을 희생해야 한다는 취지로 준법 교육을 강화하는 과정에서 '소크라테스의 일화'가 무리하게 적용되었다고 지적한 것이지요. 헌법재판소는 이 부분을 실질적 법치주의에 대한 토론 자료로 수정해 사용하라고 권고했습니다.

설령 소크라테스가 "악법도 법이다."라고 말한 것이 사실이라고 가정하더라도, 악법도 지키고 존중하라는 의미로 해석하여 준법 교육의 소재로 삼는 것은 부적절합니다. 소크라테스의 재판이 주는 철학적 질문은 '옳고 그름을 개인의 이성적 기준에 따라 판단해야 하는지, 혹은 다수의 의견이나 공동체의 권위에 따라 판단해야 하는지'입니다. 소크라테스는 제자들에게 전통적으로 내려오는 종교적 믿음과 가치에도 의문을 가지고 자기 스스로 이성적으로 따져보고 판단하라고 이야기했습니다. 다수의 의견이나 공동체의 권위에 따라 옳고 그름을 판단할 것이 아니라, 개인의 이성적 기준에 따라 판단해야 한다고 가르친 것이지요.

소크라테스가 활동하던 당시의 도시국가 아테네에서는 민주주의 세력과 귀족주의 정파 간의 갈등이 지속되고 있었습니다. 소크라테스가 다수의 의견보다 개인의 이성적 기준을 강조하자, 사회지도층은 불쾌감과 모욕감을 느끼고 적대시했습니다. 소크라테스가 주장하는 '캐묻고 따지는 철학'은 신을 믿지 않도록 부추기고 사회 혼란을 일으킨다고 생각했지요. 다수의 의견을 존중하는 민주주의 정권은 소크라테스를 귀족주의의 본보기로 보고 처형한 것입니다.

결국 기원전 399년 소크라테스가 처형된 것과 1900년대에 독일 나치로 인해 세계사적 혼란이 발생한 것은 모두 민주주의라는 이름으로 다수가 소수를 억압했다는 점에서 유사합니다. 즉 다수결을 요체로 하는 형식적 법치주의가 민주주의라는 탈을 쓰고 선량한 소수를 억압한 것이지요.

플라톤은 지혜로운 사람이 정치를 해야 한다고 주장했어요

소크라테스의 제자 플라톤은 아테네 보통 사람들의 몰지각과 시기심으로 스승이 억울하게 처형되었다고 생각했고, 이후 플라톤은 올바른 국가에서는 최고의 지혜와 덕을 갖춘 자가 나라를 다스려야 한다고 주장했습니다. 플라톤은 "누가 정치를 제일 잘할 수 있을까?"라는 질문에, 절제를 아는 사람이 경제를, 용감한 사람이 국방을, 지혜로운 사람이 정치를 맡아야 한다고 했습니다. 플라톤에게 지혜로운 사람은 철학자였지요. 그는 철학자가 다스리는 '철인 정치'를 추구했습니다. 플라톤이 생각한 '철인 정치'는 다수의 의견이나 공동체의 권위에 맹목적으로 따르는 정치가 아니라, 개인의 이성적 기준을 존중하는 정치로서, 이는 곧 형식적 법치주의가 아닌 실질적 법치주의를 지향하는 현대의 생각과 일맥상통한다고 볼 수 있습니다.

CHAPTER 04

법은 어떻게 이루어져 있을까요

우리는 하나로 통틀어서 '법'이라고 하지만, 사실 법은 엄청나게 많고 복잡합니다. 국가의 형태를 정하는 '헌법'이나, 개인의 일상생활을 규율하는 '민법', 무엇이 범죄인지 정하고 잘못한 사람을 처벌하는 '형법', 물건을 사고팔 때 적용되는 '상법' 등, 규율하는 영역에 따라 많은 법이 존재하지요. 물론 이 모든 법률을 전부 다 알 필요는 없습니다. 대략적으로 어떤 법이 있으며, 이러한 법이 어떻게 우리 생활을 규율하는지를 알면 됩니다. 이제부터 우리 법 체계는 어떻게 구성되어 있으며, 꼭 알아두어야 하는 법에는 어떤 것이 있는지 알아보겠습니다.

생활 속 다양한 영역에
법이 존재해요

법에는 여러 종류가 있습니다. 앞에서 간단하게 살펴본 헌법, 민법, 형법 같은 법률은 법이라는 커다란 체계의 한 부분에 불과하지요. 법은 어떻게 제정되었는지에 따라 자연법과 실정법으로 나뉘고, 실정법은 국내법과 국제법으로 나뉩니다. 우리가 잘 아는 국내법은 다시 법의 규율 대상에 따라 공법과 사법, 사회법으로 나뉘며, 공법은 법의 규정 내용에 따라 실체법과 절차법으로 나뉩니다.

왜 굳이 법을 이렇게 분류하는 걸까요? 분쟁이 일어났을 때 어떤 법에 의해 규율되느냐에 따라 재판 절차가 달라지기 때문입니다. 가령 개인과 개인 사이에 분쟁이 일어나면 민법에 의해 규율되고 민사소송법 절차에 따라 재판이 이루어집니다. 하지만 어떤 사람이 범죄를 저질러 국가로부터 처벌을 받는 상황이 되면, 형법에 의해 규율되고 형사소송법에 규정된 절차에 따라 재판이 이루어지지요.

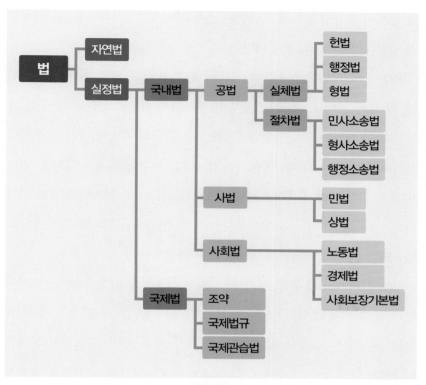

• 법의 분류 •

자연법은 장소와 시대를 불문하고 지켜야 하는 법이에요

자연법이라는 말을 들어보셨나요? 헌법이나 형법 같은 법 이름만 좀 알고 있을 뿐, 이런 법이 있다는 건 처음 들어볼지도 모르겠습니다. 하지만 여러분 모두가 이미 자연법을 알고 있어요. 자연법은 말 그대로 자연의 질서나 인간의 이성에 바탕을 둔 보편적인 법을 의미합니다. 사람들이 법으로 만들어 정하지 않더라도 자연히 존재하는, 언제 어디서나 유효한 보편적 법칙을 자연법이라고 합니다.

예를 들어 '살인을 해서는 안 된다.' 혹은 '남의 물건을 훔쳐서는 안 된다.'와 같이 시간과 장소에 상관없이 인간의 이성으로 생각할 수 있는 당연한 법이 자연법입니다. 일반적으로 법은 나라와 지역에 따라 조금씩 다르지요. 예를 들어 우리나라에서는 대마초를 피우면 범죄가 되지만, 미국의 경우 많은 주에서 대마초를 합법화하고 있습니다. 하지만 어디를 가더라도 사람을 죽이거나 물건을 훔쳐서는 안 된다는 걸 여러분은 이미 알고 있습니다. 이런 절대불변의 법이 바로 자연법입니다.

이에 반해 우리가 흔히 생각하는, 입법 작용이나 사회적 관습, 법원의 판례 등에 의해 성립되는 인위적인 법은 실정법이라고 합니다. '실정(實定)'이라는 말은 '실제로 정함'이라는 뜻을 지니고 있어요. 그래서 헌법이나 민법, 형법 같은 법이 바로 이 실정법에 포함되지요. 실정법은 자연법과 달리, 그 법이 통용되는 곳에서만 효력을 가집니다.

자연법은 변하지 않는 진리로서 언제나 타당한 법입니다. 그러므로 실정법은 자연법에 부합할 때 비로소 진정한 '법'이 된다고 할 수 있지요. 어떤 실정법이 자연법에 반하면 효력을 가질 수 없습니다. 예를 들어 과거에 있었던 노예제도를 부활시켜 사람을 노예로 사고파는 것을 허용하는 법을 만들었다고 해도, 그러한 법은 인간의 존엄성을 침해하여 자연법에 반하기 때문에 효력이 없습니다.

국제법은 국가와 국가 사이에 적용되는 법이에요

한 나라 안에서만 효력을 지니는 법을 국내법이라고 합니다. 이 국내법은 특별한 일이 없다면 다른 나라에서는 적용되지 않습니다. 우리나라의 법이 다른 나라에서 적용되지 않는 것처럼 말이지요. 이에 반해 국제사회에서 국가 간의 관계에 적용되는 법이 있는데, 이를 국제법이라고 합니다. 각각의 나라 안에서는 그 나라의 국내법이 적용되기에, 국제법은 원칙적으로 국가와 국가 간의 관계를 대상으로 합니다.

국제법은 국제사회에서 조약이나 관습법 등의 형식으로 국가 간의 합의를 통해 만들어집니다. 국가 간의 관계뿐만 아니라 국제기구나 그 밖의 단체 또는 개인의 관계를 규율하기도 하지요. 스위스의 활동가 앙리 뒤낭(Jean-Henri Dunant, 1828~1910)이 주도해 체결된 '제네바 협약'이 대표적인 예입니다. '적십자 조약'이라고도 불리는 제네바 협약은 전쟁으로 인한 희생자를 보호하기 위해 1864년부터 1949년에 이르기까지 스위스 제네바에서 체결된 국제조약인데, 그중 하나가 '전쟁포로의 대우에 관한 조약'입니다. 제네바 협약에 따르면 전쟁포로는 항상 인도적으로 대우받아야 하며, 인간의 존엄성이 손상되어서는 안 되고, 포로가 범죄를 저지른 경우가 아니면 전쟁이 끝난 뒤 곧 본국으로 귀환시켜야 합니다. 만일 어느 나라가 제네바 협약을 위반하면 국제법을 위반한 것이 되어 국제사회로부터 UN 제재 결의안 등을 통해 불이익을 받게 됩니다. 앙리 뒤낭은 이 조약의 체결을 주도한 업적으로 1901년 제1회 노벨 평화상을 받았지요.

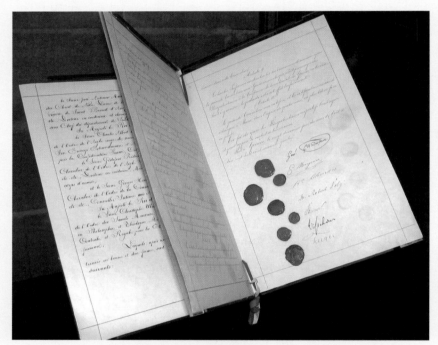

· 제네바 협약의 본 문서 ·

전쟁 포로를 인도적으로 대우해야 한다는
제네바 협약은 대표적인 국제법입니다.

때로는 국제법 위반으로 피해를 입은 개인이 국제법을 위반한 국가를 상대로 손해배상을 청구할 수 있습니다. 우리나라에는 6.25 전쟁에 참전했다가 북한군의 포로가 되어 우리나라로 송환되지 못한 채 50년간 북한에서 강제 노역을 당하다가 탈북한 국군포로들이 있습니다. 이분들은 6.25 전쟁이 끝난 후에도 북한이 자신들을 남한으로 송환시키지 않으면서 오랜 기간 강제 노역을 시키고 인도적으로 대우하지 않았기에 북한이 제네바 협약을 위반했다고 주장했습니다. 결국 탈북한 국군포로들은 북한과 김정은 위원장을 상대로 손해배상 소송을 제기하여 2020년 승소 판결을 받아냈습니다.

우리나라 헌법은 제6조 제1항에서 "헌법에 의하여 체결·공포된 조약과 일반적으로 승인된 국제법규는 국내법과 같은 효력을 가진다."라고 규정하여 국제법을 존중하고 있습니다. 이미 설명한 제네바 협약에는 세계 190개국 이상이 비준했는데, 우리나라뿐만 아니라 북한도 제네바 협약을 비준했습니다.

비준(批准)이라는 말이 어렵고 생소하게 느껴질 수도 있겠네요. 비준이란 조약을 체결할 때 마지막 확인 절차를 말합니다. 나라와 나라 간에 조약을 체결할 때는 주로 조약을 체결할 수 있는 권한을 부여받은 사람이 조약 내용을 확인하고 서명합니다. 그리고 마지막으로 국가원수(우리나라의 경우 대통령)가 그 내용을 한 번 더 확인하고 동의하는 것이지요. 그래서 일반적으로 나라 간에 이루어지는 조약은 서명만으로는 성립되지 않고 비준을 해야 성립합니다.

법이 규율하는 생활 영역에 따라서 법을 나눌 수도 있어요

우리는 사회에서 많은 사람과 다양한 관계를 맺으며 살아갑니다. 생존을 유지하고 삶을 영위하는 개인으로서의 생활이 있는가 하면 우리가 사는 국가를 조직하고 유지하는 국민으로서의 생활도 있습니다. 예를 들어 우리가 물건을 사고팔거나 집을 빌리고 결혼하여 아이를 낳는 일은 모두 개인으로서의 사적인 생활입니다. 반면 선거 때 투표를 하거나 세금을 납부하고 병역의 의무를 이행하는 것은 국민으로서의 공적인 삶입니다.

이때 국가와 개인 간의 공적인 생활 관계를 규율하는 법을 공법, 개인과 개인 간의 사적인 생활 관계를 규율하는 법을 사법이라고 합니다. 공법은 국가와 개인 간의 관계를 규율하기에 국가가 당연히 개입되는 영역이지만, 사법은 개인 간의 사적인 생활 관계를 규율하기에 국가와 무관한 영역이었습니다. 쉽게 말해 개인 간에 어떠한 계약을 맺어도 국가가 간섭하지 않았지요.

그런데 개인과 개인들 간의 계약에 국가가 조금도 간섭하지 않으면 어떻게 될까요? 혹시 약육강식이라는 말을 들어보셨나요? 보통 이 표현은 동물의 세계에서 강한 동물이 약한 동물을 잡아먹을 때 사용하는 말입니다. 하지만 우리 사회에서도 국가가 아무런 간섭을 하지 않을 경우 이와 비슷한 일이 벌어집니다. 역사적으로 초기 산업혁명기에 노동자들이 처했던 열악한 노동환경이 이를 잘 보여주었지요.

산업혁명은 18세기 중후반부터 19세기 초반에 걸쳐 영국에서 일어났습

· 20세기 초 면직공장에서 일하는 어린 방적공 ·

니다. 이전까지는 생산 활동이 전적으로 사람의 노동력에 의해 이루어졌
으나, 산업혁명 이후에는 기계가 사람의 노동력을 대체하게 되었지요. 공
업화로 인해 인구는 농촌에서 도시로 집중되었고, 필요한 노동자의 수에
비해 일하려는 사람이 너무 많아지는 현상이 일어났습니다. 그래서 노동
자들은 열악한 환경에도 어쩔 수 없이 일을 해야만 했지요. 돈과 생산수단
을 지니고 있었던 사업주, 즉 자본가 입장에서는 적은 임금을 주고도 노동
자들에게 일을 시킬 수 있어 큰돈을 벌 수 있었지만, 노동자들은 장시간의
노동에 시달리면서도 가난에서 벗어날 수 없었습니다. 심지어 어린아이
들도 만 7세부터 면직 산업에 동원되어 장시간 일을 해야만 했지요.

　사업주와 노동자 간의 근로 계약은 기본적으로 사적인 계약입니다. 국가가 당사자가 아니므로 개입할 여지가 없지요. 하지만 산업혁명기의 영국 같은 근대 자본주의 국가에서 국가가 개입하지 않았더니 노동자들은 열악한 노동환경과 장시간 노동에 시달리면서도 생계유지가 어려울 정도의 적은 임금만을 받았습니다. 이 같은 폐해를 막기 위해 국가가 사법관계에 적극적으로 개입하여 국민의 경제생활 및 사업주와 노동자 사이의 관계를 규제하고 조정하는 경향이 나타났습니다. 이렇게 국가가 노사관계에 개입할 수 있도록 하는 법을 노동법이라고 하는데, 이러한 노동법도 사회법의 한 종류입니다.

노동법의 대표적인 예로는 우리가 잘 아는 '최저임금법'이 있지요. 최저임금법은 근로자가 받는 임금의 최저 수준을 보장하여 근로자의 생활을 안정시키고 그 결과 노동력을 질적으로 향상시켜 국민경제가 건전하게 발전할 수 있도록 합니다. 사회적 약자인 근로자들이 노동조합을 결성해서 사용자와 협상을 벌일 수 있도록 하는 '근로기준법'이나, 사회적 위험으로부터 국민을 보호하기 위한 '사회보장기본법'도 모두 사회법입니다. 사회보장제도에서 말하는 사회적 위험이란 출산이나 양육, 실업, 노령, 장애, 빈곤 및 사망 등 국민이 생활에서 겪을 수 있는 어려움을 의미하지요.

정리하여 설명하자면, 국가와 국민 사이의 관계를 규율하는 법규범은 공법이라고 합니다. 헌법, 형법, 행정법, 민사소송법, 형사소송법 등이 여기에 해당하지요. 사법은 개인과 개인 사이의 관계를 규율하는 법규범입니다. 재산과 가족에 대해 일반적으로 규율하는 민법이 대표적이며, 상법도 이에 포함됩니다.

사회법은 기본적으로는 사법에 속한 영역에서 자본주의의 심화에 따른 폐해를 극복하고자 국가가 간섭하는 것을 허용하는 법 규범입니다. 근로기준법 등의 노동법 분야와 독점규제 및 공정거래에 관한 법률 등의 경제법, 사회보장법 등이 사회법에 해당합니다.

절차를 규율하는 법도 있어요

공법, 사법, 사회법 같은 구분은 대체 왜 필요한 걸까요? 조약 같은 국제법이 아니라면 어차피 다 같은 국내법이 아니냐고 생각할 수도 있어요. 하지만 공법과 사법을 구분하는 데는 이유가 있습니다. 앞에서 잠깐 설명한 것처럼 소송 절차가 다르기 때문이지요. 공법 영역의 분쟁은 형사소송이나 행정소송으로 절차가 진행되는 반면, 사법 영역에서 일어난 분쟁은 민사소송 절차를 거칩니다.

우리가 흔히 생각하는 민법, 형법 등은 법률관계 자체, 즉 권리와 의무의 내용을 규정한 것입니다. 이를 '실체법'이라고 하지요. 그리고 이 실체법에 규정된 권리와 의무를 어떻게 실현해야 하는지를 규율하는 법은 '절차법'이라고 합니다. 민사소송법, 형사소송법, 행정소송법 등이 이에 해당합니다.

친구에게 돈을 빌려주었는데 약속한 날까지 친구가 돈을 갚아주지 않았다고 가정해 봅시다. 이때 돈을 빌려주고 받는 관계를 법률용어로 '금전대

차 계약이라고 합니다. 그리고 돈을 빌려준 나는 채권자가 되고 돈을 갚지 않은 친구는 채무자가 되지요. 이러한 채권자와 채무자의 관계에 대해서는 민법에 자세하게 규정되어 있기에, 빌린 돈을 돌려 달라고 친구에게 소송을 제기한다면 민사소송의 한 종류가 됩니다.

민법과 민사소송법의 차이를 예로 살펴봅시다. 계약 당시 이자에 대한 약속을 하지 않았다면 이자를 얼마로 계산해야 하는지, 채무자가 돈을 갚으려고 하는데 채권자가 갑자기 연락이 두절되어 채권자에게 돈을 갚을 방법이 없을 때 채무자가 이자를 주어야 하는지, 채권자와 연락이 두절되어 돈을 갚을 방법이 없을 때 어떻게 하면 채무를 면할 수 있는지 등 권리와 의무의 실체를 규정한 것이 실체법인 민법입니다.

반면에 채무자가 빌린 돈을 갚지 않아 소송을 제기하여서 돈을 받으려고 할 때 어느 법원에 소송을 제기해야 하는지, 채무자의 행방을 알 수 없는 경우 어떤 절차에 따라 소송을 진행해야 하는지 등 민사소송의 절차를 규정한 것이 절차법인 민사소송법입니다.

헌법 : 법 중에 최고의 법

대한민국 헌법 제1조에서는 "대한민국은 민주공화국이다. 대한민국의 모든 권력은 국민으로부터 나온다."라고 규정하고 있습니다. 우리 헌법에서 가장 강조하고 싶은 말이기에 제1조에 규정한 것이겠지요? 다시 말해 우리 헌법은 대한민국이라는 나라가 민주공화국임을 규정하고, 동시에 국가의 모든 권력은 국민으로부터 나온다는 것을 가장 먼저 선언하고 있습니다. 국가의 권력이 국민으로부터 신뢰를 얻지 못하면 그 국가의 권력은 정당성과 힘을 잃게 됩니다. 이처럼 대한민국 헌법은 국가 권력의 정당성이 국민의 신뢰에 기반해야 한다는 사실을 가장 먼저 이야기하고 있지요. 과거 4.19 혁명은 국가 권력이 국민의 신뢰를 잃으면 어떻게 되는지를 잘 보여 준 사례입니다. 그래서 현행 헌법은 헌법 전문에 "불의에 항거한 4.19 민주이념을 계승"하여 헌법을 개정한다고 명시하고 있습니다.

우리는 헌법 제1조를 통해서 헌법이 어떤 법인지 알 수 있습니다. 헌법은 국가 권력의 정당성이 어디에서 유래하며, 그러한 국가 권력이 어떻게 구성되고, 어떻게 행사되어야 하는지 규정하는 법이지요. 다시 말해 헌법은 국가의 통치 조직은 어떻게 구성되는지, 통치 작용의 기본 원리는 무엇인지, 국민의 기본권은 무엇이 있는지 등을 보장하는 근본 규범입니다. 1장에서 법에는 위계질서가 있다고 했는데, 법 중에서 가장 상위에 있는 최고의 법이 바로 헌법입니다.

헌법은 나라를 만드는 설계도예요

헌법은 나라가 어떤 모습이어야 할지 계획하는 설계도와 비슷합니다. 나라를 왕이 다스릴지 국민이 다스릴지, 국민이 다스린다면 모든 사안을 국민 개개인이 직접 정할지 아니면 대표자를 뽑아 대신 중요한 결정을 내리게 할지, 또 대통령제를 택할지 의원내각제를 택할지 등을 헌법에서 규정하거든요. 또한 자유권, 평등권 같은 국민의 기본권을 보장하는 내용도 담고 있습니다.

우리 헌법은 전문을 포함해 본문 10장, 총 130개 조항과 부칙으로 구성되어 있습니다. 대한민국의 국가 형태를 정한 총강을 1장에 담고, 국민의 권리와 의무는 2장에 담고 있지요. 그리고 국회, 정부, 법원, 헌법재판소 등 국가 기구의 조직을 명시하는 내용이 차례대로 담겨 있습니다.

1948년 7월 17일에 제정된 우리나라의 헌법은 지금까지 아홉 차례 개

© 서울역사박물관 (https://museum.seoul.go.kr)

• 6월 민주 항쟁 •

현행 헌법은 1987년 6월, 대통령 직선제를 요구하며 일어난
6월 민주 항쟁이 계기가 되어 아홉 번째로 개정되었습니다.

정되었습니다. 현행 헌법은 1987년 대통령 직선제를 요구하며 일어난 6월 민주 항쟁이 계기가 되어 이루어진 9차 개정의 결과입니다. 현행 우리나라 헌법은 국민이 직접 대통령을 선출하도록 하고, 헌법재판소를 신설하여 헌법에 어긋나는 법률과 국가 공권력의 작용을 심판할 수 있도록 했습니다.

'왕의 나라'에서 '국민의 나라'가 되기까지

우리나라 헌법이 거쳐 온 역사만 보아도 알 수 있듯이, 헌법이 언제나 지금과 같은 모습이었던 것은 아닙니다. 헌법은 국가의 형태를 정하는 기본법이기 때문에 시대나 사회의 발전상에 따라서 조금씩 그 성격을 달리해 왔습니다.

앞에서도 말했듯이 헌법은 원래 국가의 구성이나 조직을 구성하는 기본법입니다. 이것이 바로 '고유한 의미의 헌법'이지요. 태양왕이라는 별명으로 유명한 프랑스 루이 14세는 "짐이 곧 국가"라고 말했는데, 이는 프랑스가 왕에 의해 통치되는 국가임을 밝힌 발언입니다. 그래서 이 발언을 고유한 의미의 헌법이라고 볼 수 있지요. 조선시대의 경국대전도 고유한 의미의 헌법입니다.

고유한 의미의 헌법은 국가의 구성이나 조직에 대한 규정은 있지만, 권력분립이나 국민의 기본권 보장에 대한 내용이 없는 단계입니다. 헌법이 원래 국가의 구성이나 조직을 구성하는 기본법이기에 고유한 의미의 헌법이라고 하는 것이지요. 우리가 흔히 "소련이나 북한에도 헌법은 있다."라고 말하는데 이때의 헌법은 '고유한 의미의 헌법'을 의미합니다. 소련이나 북한의 헌법은 국가체제와 조직을 구성하는 규정만 있지, 국민의 기본권이나 권력분립을 보장하고 있지 않기 때문입니다. 북한은 여러분도 잘 알고 있듯이 김정은 위원장에게 모든 권력이 집중되어 있어 권력분립이 이루어지지도 않고 국민의 기본권을 보장하고 있지도 않습니다.

그러다 1789년 프랑스 혁명이 일어나면서 헌법을 보는 시각이 달라집니다. 프랑스 혁명은 절대적인 권력을 휘두르던 왕이 시민들을 핍박했기에 시민이 자신의 권리를 찾고자 행동한 것입니다. 이후 헌법은 국가의 구성과 조직에 관한 기본 사항뿐만 아니라 권력분립의 원칙과 기본권의 보장까지 규정하는데, 그것이 바로 근대 입헌주의 헌법입니다. 프랑스 혁명의 결과 채택된 '인간과 시민의 권리 선언' 제16조는 "권리의 보장이 확보되지 아니하고 권력의 분립이 규정되지 아니한 사회는 헌법을 가진 것이라 할 수 없다."라고 하여, 근대 입헌주의 헌법이 무엇인가를 명쾌히 보여주고 있습니다.

현대 복지국가 헌법은 근대 입헌주

• 현대 복지국가 헌법의 시초인 바이마르 헌법 •

의 헌법을 토대로 국민의 인간다운 생활, 최저한의 생활 보장 등을 추구하는 헌법입니다. 현대 복지국가 헌법의 시초는 1919년 8월 11일에 제정된 독일의 바이마르 헌법입니다. 바이마르 헌법 제151조 규정에는 "모든 국민은 인간다운 생활의 보장을 목적으로 하는 정의의 원칙에 적합하여야 한다."라고 규정하고 있습니다. 현재 세계 대부분의 국가는 복지국가의 원리를 헌법에 규정하고 있습니다.

헌법을 위반하면 어떻게 되나요

누군가를 때리거나 살해하면 어떻게 되는지는 형법에서 규율하고 있습니다. 형법에서 정한 범죄를 저지르면 형사재판을 받게 됩니다. 가볍게는 벌금을 내기도 하고, 심각한 범죄라면 교도소에 갇히게 되지요. 그렇다면 헌법에 규정된 내용을 위반하면 어떻게 될까요?

1987년 개정되어 지금까지 적용되는 현행 헌법에서는 어떤 법률이나 국가 공권력의 작용이 헌법에 어긋나는 경우에 대비해 헌법재판소를 만들었습니다. 우리나라 헌법 제111조에 헌법재판소가 하는 일을 규정하고 있지요. 앞에서 자세히 살펴보았지만, 간략히 정리하자면 헌법재판소는 법률이 헌법에 위반될 때 위헌법률심판을 할 수 있고, 고위 공직자가 위법 행위를 하면 탄핵심판을 할 수 있으며, 공권력에 의해 헌법상 보장된 기본권이 침해됐을 때 국민의 기본권을 구제하는 헌법소원심판을 할 수 있습니다. 다시 말해 헌법에 위반되는 사건이 발생하면 헌법재판소에 의해 구제받을 수 있지요.

또 헌법재판소는 정치적으로 중요한 사안을 최종적으로 결정하는 역할을 합니다. 단순히 법률 등이 헌법에 어긋나지 않는지 심사하는 기관인 헌법재판소가 정치적인 영향력을 발휘한다는 점이 의아하게 느껴질 수도 있겠네요. 그렇다면 헌법재판소에서는 실제로 어떤 판결을 내렸는지 간단하게 살펴볼까요?

노무현 대통령은 2002년 대통령 선거 당시, 충청권으로 수도를 이전하겠다는 공약을 내세웠습니다. 모든 주요 기관들이 수도권에 집중되어 있어 나라가 균형적으로 발전하지 못했기 때문이지요. 그래서 청와대와 정부 부처를 충청권으로 옮겨 새로운 행정수도를 건설하겠다고 약속했고, 선거 결과 대통령이 되었습니다. 그리고 이 공약을 이행하기 위해 2003년 '신행정수도의 건설을 위한 특별조치법'이 국회를 통과했습니다. 하지만 수도 이전을 반대하는 사람들이 헌법재판소에 헌법소원을 제기했고, 헌법재판소는 대한민국의 수도가 서울이라는 것은 관습 헌법에 해당하므로, 개헌 없이는 수도를 옮길 수 없다고 하여 '신행정수도의 건설을 위한 특별조치법'에 대해 위헌 결정을 했습니다.

또한 2017년에는 박근혜 대통령이 위법행위를 했다는 이유로 헌법재판소가 탄핵 결정을 내려 대통령직에서 파면되었지요.

위의 두 사례는 헌법재판소가 정치적으로 큰 영향력을 발휘했던 대표적인 사례입니다. 국회의원처럼 선거로 선출되지 않은 헌법재판소 재판관들에게 이렇게 막대한 권한을 주는 이유는 무엇일까요? 바로 민주주의와 법치주의가 서로 견제하도록 하여 다수에 의한 횡포를 막기 위함입니다. 이처럼 헌법재판소는 헌법에 의해 헌법재판권한을 행사함으로써 국민의 기본권을 보호하며, 헌법을 수호합니다.

　헌법재판소는 대통령이 임명한 아홉 명의 헌법재판관으로 구성됩니다. 재판관은 법관 자격이 있는 사람들 가운데 대통령과 국회, 대법원장이 각각 세 명씩 추천해 국회 동의를 얻어 대통령이 임명합니다. 이처럼 헌법재판관을 임명할 때도 입법부, 사법부, 행정부에서 각 세 명씩 추천하고 국회의 동의를 얻도록 하는 절차는 권력분립의 원리를 지켜 법치주의와 민주주의의 균형을 도모하기 위한 것입니다.

대통령제와 의원내각제는 어떻게 다른가요?

대통령제와 의원내각제의 가장 큰 차이는 '삼권분립이 얼마나 엄격하게 지켜지느냐'입니다. 대통령제는 삼권분립이 엄격하게 지켜져 행정부와 입법부가 서로 독립된 관계인 반면에 의원내각제는 입법부와 행정부가 서로 의존적인 관계입니다. 대통령제의 대통령은 국민이 직접 선출하기에 의회(입법부)에 독립적이라면, 의원내각제에서 행정부 수반인 수상은 의회에서 선출하니 의회에 의존적일 수밖에 없지요.

대통령제는 몽테스키외의 삼권분립론을 받아들인 미국이 1787년 미국 연방 헌법에 규정함으로써 처음 실시되었습니다. 대통령을 중심으로 한 행정부가 입법부 및 사법부와 엄격하게 독립하여 삼권분립의 원칙이 철저하게 지켜지는 정치 제도입니다. 국가 기관 상호간의 견제와 균형의 원리가 엄격하게 유지되어, 국민의 자유와 권리를 보호할 수 있도록 한 것이지요. 대통령제는 행정부가 의회에 대하여 정치적 책임을 지지 않으므로 의회의 신임 여부와 관계없이 대통령의 임기 동안은 행정부가 국가의 정책을 일관되게 수행할 수 있습니다.

이에 반해 의원내각제는 18세기 영국에서 시작된 정치제도로 삼권분립이 대통령제에 비해 엄격하지 않습니다. 내각(행정부)은 의회에 의하여 구성됩니다. 내각의 수반이 의회에 의해서 선출되고, 또 내각은 의회에 대하여 책임을 지게 됩니다. 그러므로 의회에서 내각을 불신임하면 내각은 사퇴하여야 합니다. 이처럼 행정부가 입법부에 종속된 형태를 띠게 되는 것이 의원내각제입니다.

의원내각제에서는 행정부와 입법부가 상호 협조 관계에 있어서, 이를 통해 신속하고 능률적인 국정운영이 가능해진다고 볼 수 있습니다. 이에 반해 대통령제에서 대통령은 엄격한 권력 분립에 따라 의회의 간섭을 받지 않고 독립적으로 국정을 운영할 수 있지요. 의원내각제에서는 의회가 선출한 수상이 내각을 책임지고 대통령은 형식적 존재입니다. 실질적 행정은 내각의 수상이 책임을 지며, 대통령은 국가를 대표하는 상징적 역할만 수행합니다.

민법 : 사람과 사람 사이의
다툼을 중재하는 법

인류의 역사를 통틀어 개인 간의 생활을 규율하는 원리를 살펴보면 세계 어디서나 예나 지금이나 통용되는 공통점이 있습니다. 거의 대부분의 나라에서 개인이 재산을 소유할 수 있고, 죽으면 그 재산을 자식에게 상속할 수 있다는 점입니다. 물론 중국이나 소련처럼 사적재산을 인정하지 않는 공산주의를 택했던 나라도 있었지만, 철저한 공산주의 사회는 오래 지속되지 못했습니다. 그리고 여러분이 아는 것처럼 소련은 몰락하고, 중국도 지금은 개인이 사유재산을 가지는 것이 허용되고 있지요.

사람은 자신만의 재산을 가지고 싶어 하고, 그러기 위해 열심히 일합니다. 어쩌면 이게 인간의 본능이라고 해야 할지도 모르겠네요. 내 재산을 가지고 싶다는 욕심에서 인류는 더 열심히 일하고 발전해왔으니까요. 이처럼 인류 역사 발전의 원동력인 사유재산과 관련된 활동을 규율하는 법이 바로 민법입니다.

현대 사회에서 개인이 맺는 사회생활 관계의 대부분은 법의 규율을 받고 있습니다. 편의점에서 손님이 음료수 하나를 산다고 했을 때 편의점 주인은 손님에게 음료수 가격에 해당하는 돈을 달라고 요구할 권리(법률용어로는 '대금지급청구권'이라고 합니다)를 취득하고, 손님은 음료수 가격을 지불하고는 구매한 음료수에 대한 소유권을 갖는 법률관계가 생깁니다.

이처럼 민법은 모든 사람의 사적 생활 관계에 일반적으로 적용되는 법규범이자 법질서로, 각자가 대등한 관계를 맺을 수 있는 토대를 마련해 줍니다. 국가 권력에 의하여 강제적으로 지켜야 하는 공법과 달리 민법에서는 국가의 강제력은 최소한에 그치고 당사자 간의 자율성이 강조되지요. 즉 민법은 원칙적으로 누구나 자기 의사에 따라 법률관계를 자유롭게 형성하도록 하고 있습니다.

민법은 재산 관계 외에 가족 관계도 규율합니다. 재산과 관련된 법인데 왜 갑자기 가족 관계가 나오는지 의아해할 수도 있겠네요. 민법에서 가족 관계를 다루는 이유는, 사람이 죽으면 그 재산을 누가 받는지 규율하기 위해서입니다. 그래서 상속과 관련된 규정도 중요한 부분이지요.

우리나라 민법은 로마법에 뿌리를 두고 있어요

우리나라의 민법이 어디에서 시작되었는지 그 뿌리를 따라가다 보면 고대 로마까지 거슬러 올라갑니다. 대한민국 민법의 뿌리를 찾는데 갑자기

고대 로마라니, 조금 이상하게 느껴질 수도 있겠습니다. 이는 우리나라의 역사와도 깊은 관련이 있어요. 대한민국의 법 체계는 해방 직후에 만들어졌고, 그러다 보니 일본의 영향을 많이 받을 수밖에 없었거든요. 그런데 일본의 법 체계는 독일의 체계를 받아들여 만들어진 것이고, 독일법은 로마법의 영향을 받아 만들어졌습니다. 그래서 거슬러 올라가면 고대 로마법이 있는 것이지요.

로마법은 그 생성에서부터 인류 보편의 가치를 담아 실현하려는 고대 그리스의 자연법 사상을 담고 있었습니다. 앞에서도 소개했지만 자연법이란 사람들이 법으로 정하지 않더라도 자연히 존재하는, 언제 어디서나 유효한 보편적이고 불변하는 법칙을 말합니다. '살인을 해서는 안 된다.' 혹은 '남의 물건을 훔쳐서는 안 된다.'와 같이 시간과 장소에 상관없이 인간의 이성으로 생각할 수 있는 당연한 법이 자연법이지요. 자연법에 의하면 다른 사람의 생명이나 자유, 재산을 침해해서는 안됩니다. 그리고 타인의 재산을 침해해서는 안 된다는 것은 곧 개인의 사유재산을 인정한다는 뜻이지요. 그래서 로마 제국은 멸망했지만 자연법의 영향을 받은 로마법은 여전히 남아 있다고 볼 수 있습니다. 우리나라를 포함한 세계 각국이 로마법을 받아들였으니까요.

하지만 현대의 민법이 고대 로마법과 완전히 동일하지는 않습니다. 어디까지나 근본적인 영향을 주었다는 점에서 그 뿌리로 인정하고 있는 것이지요. 현재 우리가 생각하는 민법과 가장 유사한 형태는 유럽이 중세 봉건 신분제 사회를 막 벗어나던 19세기 무렵 형성되었습니다. 중세 봉건

•중세 농노들이 일하는 모습•

중세 시대는 신분제로 인한 억압이 강력했기 때문에,
근대 민법은 개인의 자유의지를 중시하는 방향으로 만들어졌습니다.

사회에서는 많은 사람들이 봉건 영주에게 예속되어 있었습니다. 역사 시간에 '농노'라는 말을 들어보셨나요? 중세 봉건제 아래서 농사를 짓는 사람들은 대체로 영주에게 예속되어 있어 일종의 소유물처럼 취급되었습니다. 그래서 개인이 자유롭게 경제 활동을 할 수도 없었고, 사유재산을 마음껏 가질 수도 없었습니다.

근대에 이르러 시민들은 신분제의 억압과 차별을 극복하고자 자유와 평등을 요구했고, 그렇게 근대적인 민법이 탄생합니다. 중세까지는 내내 지배층의 억압을 받아왔기에, 이를 타파하고자 했던 근대 민법에서는 개인이 법률관계를 맺을 때 자신의 자유로운 의사를 최우선으로 하는 사적 자치 원칙을 따릅니다. 가장 중요한 법률행위는 계약이기 때문에 '계약 자유의 원칙'이라고도 합니다.

또 중세 봉건사회에서는 소수의 영주만이 토지 소유권을 가질 수 있었고, 일반인은 재산을 가지는 데 제한이 있었습니다. 그래서 근대 민법은 각자의 사유재산권을 절대적으로 존중하여, 국가나 다른 사람이 사유재산권에 간섭할 수 없도록 '소유권 절대의 원칙'을 인정했지요. 개인의 사유재산은 인격적인 삶을 살아가기 위한 최소한의 요소입니다. 소유권 절대의 원칙으로 인해 누구든 자신의 재산을 외부의 간섭 없이 자유롭게 사용하고 처분할 수 있게 되었습니다. 짐작할 수 있겠지만, 이 소유권 절대의 원칙은 자본주의 경제 발전에 결정적인 영향을 끼치게 되지요.

그리고 이처럼 자유로운 활동 중에 타인에게 손해가 일어났을 때 그 행위가 고의 또는 과실에 의한 경우에만 책임을 지는 '과실 책임의 원칙'도

확립되었습니다. 쉽게 말하면 자신이 잘못한 부분에만 책임을 지고, 타인의 잘못에 대해서는 책임을 지지 않는 것이지요. 그래서 자기 책임의 원칙이라고도 합니다. 이러한 원칙 덕분에 자신이 타인에게 손해를 끼치지 않도록 주의하면 되므로 각 개인은 안심하고 경제 활동을 할 수 있었지요. 과실 책임의 원칙은 근대사회에서 기업이 크게 발전하는 원동력이 되었습니다.

현대의 민법은 사회와 개인의 이익을 모두 고려해요

근대 민법은 개인을 중세의 봉건적 구속으로부터 해방시키고, 개인의 사회적, 경제적 활동의 자유를 보장해 자본주의 경제가 발전하는 데 크게 기여했습니다. 하지만 이러한 자본주의의 급속한 발전으로 인해 빈부 격차가 심화되고, 근로자와 사업주(자본가)가 대립하는 등 많은 폐단도 나타났습니다.

앞에서 법의 분류를 설명하면서 심각한 빈부 격차와 대기업의 독점 등 자본주의가 불러온 문제로 인해 근대 후기부터 사법 영역에 국가가 개입하는 사회법이 만들어졌다고 설명했지요. 민법에서도 마찬가지입니다. 자본주의의 문제를 개선하기 위해 민법 영역에서도 기본적인 원리가 수정될 필요가 있었지요.

누구나 원하는 대로 자유롭게 계약할 수 있다는 계약 자유의 원칙은 자본주의가 발달하면서 경제적 약자에 대한 일방적인 강제 수단으로 변질되기도 했습니다. 그래서 현대 사회에서는 계약의 내용이 사회 질서에 반하거나 공정성을 잃으면 무효라는 '계약 공정의 원칙'이 추가되었습니다. 공정하지 않아 무효인 계약은 법의 보호를 받을 수 없으므로 지키지 않는다고 해서 법적으로 문제가 생기지 않습니다.

또한 근대에는 사적재산에 대한 권리를 절대적으로 인정했지만, 현대에는 이를 수정하여 재산권의 행사가 공공복리에 적합해야 한다는 '소유권 공공복리의 원칙'을 적용하고 있습니다. 재산권을 존중하되 이를 행사할 때 사회 정의에 적합해야 한다는 것이지요. 우리 헌법 제23조에서 이를 명문으로 규정하고 있는데, "재산권의 행사는 공공복리에 적합하도록 하여야 한다."라고 하여 사유재산권이 상대적인 권리일 수 있음을 인정합니다.

조금 추상적으로 느껴질 수 있으니 예를 들어볼게요. 정부가 고속도로를 건설하려고 하는데, 길을 똑바로 내려면 농부 철수 씨의 논을 지나가야 하는 상황입니다. 이때 철수 씨는 농업이 나의 천직이니 절대 내 땅을 고속도로로 만들 수 없고 나는 계속 농사를 지어야겠다고 주장한다면, 정부는 철수 씨의 논을 고속도로로 만들 수 없을까요? 근대 민법이 그랬던 것처럼 소유권 절대의 원칙에 따르면 논의 소유자인 철수 씨의 허락 없이는 절대로 논을 고속도로로 만들 수 없습니다. 반면 소유권 공공복리의 원칙에 따르면 철수 씨가 반대해도 국가는 논을 고속도로로 쓸 수 있습니다. 그 땅값에 대해 정당한 보상을 하기만 한다면 말이지요.

마지막으로 과실 책임의 원칙에도 변화가 일어났습니다. 과실 책임의 원칙은 자신의 행위로 타인에게 손해가 발생했을 때, 그 손해가 자신의 고의나 과실에 한 것이 아니라면 책임지지 않는다는 내용입니다. 하지만 현대에는 이 원칙을 엄격하게 적용하면 오히려 불공평한 경우가 있습니다. 예를 들어 어떤 기업의 공장에서는 그 기업이 아무리 주의를 기울이더라도 일정한 매연과 같은 오염 물질이 나오는데, 이 오염 물질로 인해 누군가가 피해를 입었다고 가정해 봅시다. 그 기업은 공장에서 나오는 매연은 아무리 주의를 기울여도 나올 수밖에 없는 오염 물질이기에 기업은 오염 물질에 배출에 대해 아무런 과실이 없는 경우입니다. 하지만 이 매연으로 인해 누군가 피해를 입었는데 과실 책임의 원칙을 관철하여 그 기업이 아무런 책임을 지지 않는다면 매우 불공평하겠지요? 특히 현대의 기업은 많은 이윤을 올리는데도 그에 따른 책임을 부과하지 않는다면 손해를 입은 개인에게 너무나 가혹한 일입니다. 그래서 나온 것이 '무과실 책임의 원칙'입니다. 이에 따라 기업은 사업장에서 발생하는 환경오염 피해나 제조물의 결함으로 인해 발생한 손해에 대해 과실이 없더라도 책임을 지게 되었습니다.

형법 : 범죄를 처벌하는 법

보통 법이라고 하면 가장 먼저 떠올리는 것이 형법일 것입니다. 살인죄, 강도죄 같은 죄명도 익숙할 것이고요. 형법은 국가의 형벌권과 관련된 법입니다. 형법은 어떤 행위가 범죄인지 정하고, 그 범죄를 저지르면 어떤 처벌을 할지 규정합니다. 범죄가 일어나기 전에 예방하고, 만약 범죄가 발생했다면 처벌을 통해 사회의 질서를 유지하기 위함이지요.

하지만 신문이나 뉴스에서 범죄자에게 내려지는 판결을 보면 때로는 이해가 되지 않거나 화가 나는 경우도 있었을 거예요. 저지른 잘못에 비해 벌이 터무니없이 가볍거나, 그렇게 큰 잘못이 아닌 것 같은데 무거운 벌이 주어지는 것처럼 보일 때가 있거든요. 가령 피해자는 회복할 수 없이 큰 고통을 받았는데도 범죄자의 인권을 지켜야 한다며 신상을 공개하지 않는 등의 사례를 보았을 것입니다. 대체 왜 이런 일이 발생할까요?

겁을 주는 법에서 교화하는 법으로

가장 처음으로 나타난 형법은 저지른 범죄를 그대로 돌려주는, 일종의 복수 개념이었습니다. '눈에는 눈, 이에는 이'라는 말을 들어 보았지요? 어떤 범죄를 저지르면 범죄에 상응하는 형벌을 보복으로 부과한다는 의미입니다. 기원전 18세기에 메소포타미아 지방에서 시행된 함무라비 법전에는 탈리오 법칙이라고 하는 동해보복형이 규정되어 있었습니다. 범죄자가 저지른 죄를 그대로 돌려주는 동해보복형은 범죄자에게 그대로 복수해 준다는 의미가 강하지요. 그래서 이런 형법이 있었던 고대를 복수시대라고 부릅니다.

'복수'에서 더 나아간 것이 '위하'입니다. 쉽게 설명하면 범죄에 대해 아주 가혹한 형벌을 부과하여 겁을 주는 것을 말합니다. 형벌이 너무 무서워 범죄를 저지르지 못하도록 하는 것이지요. 이러한 형법이 있었던 시기를 위하시대라고 부르고요.

복수시대나 위하시대의 형법은 사람들로 하여금 범죄를 저지르면 잔혹한 형벌이 부과된다고 겁을 주어 범죄를 예방하는 것이 목적입니다. 그리고 이렇게 범죄를 예방하려는 것을 일반예방이라고 하지요. 하지만 아무리 그래도 잔혹한 형벌로 겁을 주어 범죄를 예방한다는 것이 인간의 존엄성에 반한다는 생각이 들지 않나요?

이후 사람들은 범죄자라고 하더라고 그들에게도 자유와 인권이 있다는 점에 주목했고, 범죄에 대한 잔혹한 형벌을 경고하여 형벌이 두려워서 범죄를 저지르지 않게 할 것이 아니라, 범죄를 저지른 사람이 다시 범죄를 저지르지 못하도록 하는 데 더 주목하게 됩니다. 이러한 개념을 앞에서 설명한 범죄에 대한 일반예방과 대비하여 특별예방이라고 부릅니다.

현재 형법은 일정한 행위를 범죄로 규정하여 미래에 범죄를 저지를 경우 형벌을 부과한다는 사실을 미리 알려 일반인들이 범죄를 저지르지 못하도록 하는 목적(일반예방)과, 범죄를 이미 저지른 특정인에게 형벌을 부과하여 다시 범죄를 저지르지 못하도록 하는 목적(특별예방)을 동시에 지닙니다. 이때 무엇이 범죄인지를 규정하고 범죄를 저지른 사람에 대해 수사, 재판, 형벌 부과를 규정한 법을 통틀어 형사법이라고 부르지요.

법에 정해져 있는 행위만 범죄가 돼요

범죄란 법에 의해 보호되는 이익을 침해하고 사회의 안전과 질서를 문란하게 하는 반사회적 행위 중에 범죄라고 법으로 규정되어 있는 것을 말합니다. 따라서 법에 범죄라고 규정되어 있지 않으면 아무리 나쁜 행위라고 판단되더라도 범죄에 해당하지 않습니다.

형법은 어떤 행위가 특별히 범죄가 되고 그에 어떤 형벌을 부과할 것인지 정한 법률입니다. 개인의 권리를 보호하고 사회의 질서를 유지하는 기능을 하면서도 개인의 권리를 심각하게 제한할 수 있어요. 따라서 범죄와 형벌이 사전에 법률로 명확히 규정되어 있지 않으면 국가가 함부로 형벌권을 행사하여 국민의 자유와 권리를 보호할 수 없게 됩니다.

시대가 흐르면서 과거에는 범죄였으나 지금은 범죄가 아닌 경우도 있고, 반대로 지금은 범죄이지만 과거에는 범죄가 아닌 경우도 있습니다. 예를 들어 종교적 신념을 이유로 징병을 거부하는 것이 과거에는 범죄였지만 지금은 범죄가 아닙니다. 개인의 종교적인 신념을 이전보다 더 중요시하게 되어서 법이 달라졌거든요. 또 타인의 인터넷 아이디나 비밀번호를 타인의 의사에 반하여 몰래 사용하는 행위는 과거에는 처벌 규정이 없어 범죄가 아니었으나 이제는 처벌 규정이 생겨 범죄가 되었습니다.

법을 어긴 사람은 어떤 벌을 받게 될까요

그렇다면 우리나라는 범죄를 저지른 사람에게 어떤 벌을 내리는 걸까요? 우리나라의 형법에서 규정하고 있는 형벌에는 어떤 것이 있는지 알아보겠습니다. 형법이 규정하고 있는 형벌은 박탈되는 법익(법에서 보호하는 이익)의 종류에 따라 크게 네 종류로 나뉩니다. 생명을 박탈하는 사형의 경우 '생명형'이, 감옥에 보내 자유를 박탈하는 징역의 경우는 '자유형'이 되는 것이지요. 구체적으로 살펴보면 생명형에 해당하는 사형, 자유형인 징역, 금고, 구류, 재산형에 해당하는 벌금, 과료, 몰수, 명예형에 해당하는 자격상실, 자격정지의 총 아홉 가지가 있습니다. 참고로 조선시대에는 곤장을 치는 태형이 존재했습니다만, 지금은 태형을 허용하지 않습니다.

다만 싱가포르나 말레이시아 같은 국가에는 아직도 태형이 존재하지요.

자유형에 해당하는 징역과 금고, 구류는 모두 신체를 구금한다는 점에서 공통점이 있지만 그 정도가 조금씩 다릅니다. 구류는 1일 이상 30일 미만으로 규정되어 있어 자유형 중에는 가장 가벼운 형벌입니다. 징역과 금고는 30일 이상이지만, 징역의 경우 노역을 부과할 수 있지요. 금고형을 받으면 갇혀 있기만 하면 되지만, 징역을 살면 교도소에 갇혀 있으면서 시키는 일도 해야 합니다.

재산형에 속하는 벌금과 과료는 금액에 따라서 구분합니다. 벌금은 5만 원 이상, 과료는 2천 원 이상 5만 원 미만입니다. 몰수는 범죄로 얻은 재산상 이익을 국고로 환수하는 것을 의미하지요.

명예형에 해당하는 자격상실과 자격정지에서 '자격'이란 공무원이 되는 자격이나 대통령 선거나 국회의원 선거 등에 투표할 수 있는 선거권 또는 피선거권(선거에 나갈 수 있는 권리)을 의미합니다. 자격상실은 이러한 자격을 영영 박탈하는 것을 말하고, 자격정지는 일정한 기간동안 그 자격을 정지하는 것을 말합니다.

보통 여기까지의 아홉 개 형벌은 일반예방에 해당하는 것으로 봅니다. 이러한 불이익이 가해질 수 있으니 범죄를 저지르지 말라고 경고하는 것이지요.

그런데 이미 범죄를 저지른 사람이 다시 같은 행위를 하지 않도록 하는 특별예방도 있다고 했지요? 형벌을 부과하더라도 그 범죄자가 더 이상 범죄를 저지르지 않는다는 보장이 없기 때문에 앞으로 발생할 수 있는 범죄를 예방하기 위한 제재를 가하는 것입니다. 이를 보안처분이라고 하지요. 주로 범죄자에게 개선 교육이나 필요한 보호를 제공하는 것인데, 사회를 범죄로부터 보호하기 위해 형벌 외에 별도의 자유 박탈 또는 제한을 수반하는 처분입니다.

보안처분은 범죄인의 재범의 위험성을 근거로 범죄자 개인의 범죄를 예방하기 위해 법원이 선고합니다. 보안처분에는 마약, 알코올 중독자와 같이 특수한 치료와 교육이 필요한 경우 부과하는 치료감호, 성범죄를 저지른 사람의 신상정보를 공개하는 신상정보 공개제도나 위치추적 전자장치 부착 명령과 같은 것이 있습니다.

범칙금이나 과태료는 형벌일까요?

법원에서 판사의 선고를 통해 벌금형을 선고받고 확정되면, 흔히 말하는 '전과자'가 됩니다. 그런데 차량 운전자가 주차 위반을 하거나 속도위반을 할 경우 도로교통법에 따라 범칙금이나 과태료를 내도록 되어 있습니다. 이때 과태료나 범칙금 처분까지 형벌로 보게 되면 지나치게 전과자들이 많아지지 않을까요?

전과자가 되는 형벌은 형법 제41조에 규정된 사형, 징역, 금고, 자격상실, 자격정지, 벌금, 구류, 과료, 몰수의 아홉 가지 형벌을 말합니다. 범칙금이나 과태료 처분은 형벌이 아니라 행정벌이어서 범칙금이나 과태료 처분을 받았다고 전과자가 되지는 않습니다. 결론적으로 범칙금이나 과태료는 벌금과 달리 형벌이 아닙니다.

기본권의 제한과 침해는
어떻게 다른가요?

우리 헌법은 국민의 자유권, 평등권 등 여러 기본권을 규정하고 있습니다. 하지만 내 기본권을 무제한적으로 행사할 수는 없지요. 나에게 기본권이 있다면 내 친구에게도 같은 기본권이 있으니까요. 말하자면 나의 기본권을 행사하면서 타인의 권리를 침해해서는 안 됩니다. 그래서 헌법에 규정된 기본권이라 해도 모든 국민의 기본권을 조화롭게 보장하기 위해 개인의 기본권이 제한되는 경우가 있습니다.

예를 들어 성인이라면 누구나 담배를 자유롭게 피울 수 있다고 해서 사람들이 많은 공공장소에서 함부로 담배를 피워 타인에게 피해를 주어서는 안 되며, 아무리 표현의 자유가 있더라도 표현한 내용이 타인의 명예를 훼손해서는 안 됩니다. 그래서 어떤 사람의 기본권 행사가 다른 사람의 기본권을 침해하거나 공동체의 이익을 해할 염려가 있으면, 국가는 기본권의 행사를 합리적인 범위 내에서 제한할 수 있지요. 그러나 국민의 기본권을 함부로 제한하면 과거 독재 국가나 권위주의 국가에서 그랬던 것처럼 국가가 개인의 기본권을 심각하게 침해할 수 있습니다. 따라서 현대 민주

주의 국가에서는 엄격히 정해진 원칙과 절차에 의해서만 기본권을 제한할
수 있도록 합니다.

기본권을 침해하지 않으면서 제한하려면

국민의 기본권 제한에 대해 우리 헌법 제37조 제2항에서는 그 조건을
다음과 같이 규정하고 있습니다.

> 헌법 제37조
> ② 국민의 모든 자유와 권리는 국가 안전 보장, 질서 유지, 공공복리를
> 위하여 필요한 경우에 한하여 법률로써 제한할 수 있으며, 제한하는 경우
> 에도 자유와 권리의 본질적 내용을 침해할 수 없다.

이에 따라 기본권은 헌법이 정한 엄격한 조건에 의해서만 제한될 수 있
습니다. 자세히 설명하면 기본권은 다음과 같은 요건을 갖추어야만 제한
될 수 있습니다. 첫째, 기본권은 국가 안전 보장, 질서 유지, 공공복리를
위한 목적 이외에는 제한할 수 없습니다. 이는 기본권이 사회 전체의 공익
을 위해서만 제한될 수 있음을 의미하지요. 둘째, 기본권 제한은 국회에
서 제정한 '법률'을 통해 이루어져야 합니다. 법률보다 하위의 법규인 명
령이나 조례, 규칙만으로 기본권을 제한할 수 없고 기본권을 제한하는 근
거가 반드시 법률에 규정되어 있어야 하지요. 셋째, 기본권을 제한하는
경우에도 최소한에 그쳐야 합니다. 이때 기본권을 제한하는 목적이 정당

해야 하고 피해를 최소화해야 한다는 등의 판단 지침을 적용하기도 하는데, 이를 과잉금지의 원칙 또는 비례의 원칙이라고 합니다. 우리 헌법재판소는 과잉금지의 원칙에 대해 다음과 같이 설명하고 있습니다.

> 국가작용 중 특히 입법 작용에 있어서의 과잉입법금지의 원칙이라 함은 국가가 국민의 기본권을 제한하는 내용의 입법 활동을 함에 있어서 준수하여야 할 기본원칙 내지 입법 활동의 한계를 의미하는 것으로서, 국민의 기본권을 제한하려는 입법의 목적이 헌법 및 법률의 체제상 그 정당성이 인정되어야 하고(목적의 정당성), 그 목적의 달성을 위하여 그 방법이 효과적이고 적절하여야 하며(방법의 적정성), 입법권자가 선택한 기본권제한의 조치가 입법목적달성을 위하여 설사 적절하다 할지라도 보다 완화된 형태나 방법을 모색함으로써 기본권의 제한은 필요한 최소한도에 그치도록 하여야 하며(피해의 최소성), 그 입법에 의하여 보호하려는 공익과 침해되는 사익을 비교 형량할 때 보호되는 공익이 더 커야한다(법익의 균형성)는 법치국가의 원리에서 당연히 파생되는 헌법상의 기본 원리의 하나인 비례의 원칙을 말하는 것이다.

이러한 조건을 모두 충족하는 경우더라도 기본권의 본질적 내용은 침해할 수 없습니다. 기본권을 제한하더라도 그 기본권의 존재 자체를 부인하는 제한은 허용되지 않는다는 의미입니다. 결국 국회가 국민의 기본권을 제한하는 법률을 만들 때, 위의 네 가지 조건을 모두 충족시켜야 헌법 제

37조 제2항에 위반되지 않습니다. 네 가지 조건 중 하나라도 지키지 못하면 그 법률은 기본권을 합리적으로 제한하는 것이 아니라 기본권을 침해하는 것이어서 위헌이고 무효인 법률이 됩니다.

사형제도는 합헌일까?

기본권의 제한을 더 자세히 알아봅시다. 우리나라 형법에서는 형벌 중의 하나로 사형을 규정하고 있습니다. 그런데 이 사형이 인간의 생명권을 침해한다는 생각은 들지 않나요? 이런 이유로 사형제도가 위헌이 아닌가 하는 의문이 있었습니다. 이에 대해 헌법재판소는 사형이라는 제도가 헌법 제37조 2항에 규정된 과잉금지의 원칙을 지켰기 때문에 합헌이라고 판단했습니다. 합헌이라고 판단한 근거를 살펴보면 다음과 같습니다.

① 목적의 정당성 : 사형은 극악한 범죄에 대한 정당한 응보를 통하여 정의를 실현하고, 사회를 방어한다는 공익상의 목적을 가진 형벌이므로 사형제도의 입법목적이 정당하고,

② 방법의 적정성 : 사형은 인간의 죽음에 대한 공포본능을 이용한 범죄예방효과가 있어 범죄예방목적을 달성하기 위한 적합한 수단이며, 극악한 범죄에 대하여는 정당한 응보를 통한 정의의 실현을 달성하기 위한 적합한 수단이며,

③ 피해의 최소성 : 사형과 동일한 효과를 나타내면서도 사형보다 범죄자에 대한 법익침해 정도가 작은 다른 형벌이 명백히 존재한다고 보기 어려

우므로 사형제도는 피해의 최소성 원칙에 어긋난다고 할 수 없다.

④ 법익의 균형성 : 사형제도에 의하여 달성되는 범죄예방 및 정의의 실현이라는 공익은 사형제도로 발생하는 극악한 범죄를 저지른 자의 생명권 박탈이라는 사익보다 결코 작다고 볼 수 없어 사형제도는 법익의 균형성 원칙에 위배되지 아니한다.

결국 사형이 극악한 범죄에 한정적으로 선고되는 한, 사형제도 자체는 위의 네 가지 조건을 모두 갖추었으므로 생명권 제한에 있어서의 헌법상 비례원칙에 위배되지 않는다고 결정한 것이지요.

과잉금지 원칙에 위배된 법률 ① : 동성동본 금혼 규정

그러면 과잉금지의 원칙에 위배되어 위헌이라고 결정된 법률에는 어떤 것이 있을까요?

과거에는 동성동본끼리는 결혼할 수가 없었습니다. 서로 좋아하더라도 성과 본관이 같으면, 가령 둘 다 김해 김씨라면 결혼을 할 수 없었지요. 같은 성을 가진 남녀가 결혼하는 것이 우리 민족 고유의 미풍양속에 반하고, 동성동본끼리 결혼을 하면 그 자녀에게 유전적으로 문제가 생길 수 있다는 이유에서였습니다. 그래서 과거 민법 제809조 제1항에서는 "동성동본인 혈족 사이에서는 혼인하지 못한다."라고 규정하고 있었지요.

그러나 헌법재판소는 조선시대까지는 동성동본금혼제도가 가부장적, 신분적 계급사회에서 사회질서를 유지하기 위한 수단이었으나, 현대 사회는 자유와 평등을 이념으로 하고 남녀평등 관념이 정착되어 더는 사회적 합리성이 없다는 이유로 위헌 결정을 내렸습니다. 그 입법 목적이 혼인에 관한 국민의 자유와 권리를 제한할 사회질서나 공공복리에 해당될 수 없다고 판단했지요. 동성동본 금혼 제도가 추구하는 목적이 정당하지 않기 때문에 동성동본 금혼을 규정한 민법이 헌법에 위반된다고 판단한 것입니다. 이 사례에 대해서는 뒤에서 더 자세히 다루어 볼 예정입니다.

과잉금지 원칙에 위배된 법률 ② : 군 가산점 제도

예전에는 군대를 제대한 사람에 대해 공무원 시험에서 가산점을 준 제도가 있었습니다. 이에 대하여 군대를 가지 못하는 장애인이나 여성에 대한 차별이 아닌가 하는 논란이 있었지요. 헌법재판소는 가산점 제도의 주된 목적은 제대군인이 군복무를 마친 후 빠른 기간 내에 일반사회로 복귀할 수 있도록 해주는 것이어서 입법 목적은 정당하다고 했습니다. 하지만 가산점제도는 공직수행 능력과는 아무런 합리적 관련성을 인정할 수 없는 성별 등을 기준으로 여성과 장애인 등의 사회 진출 기회를 박탈하는 것이므로 정책 수단으로서의 적합성과 합리성을 상실했다고 하여 방법의 적정성이 인정되지 않는다고 판단했습니다. 결국 당시의 군 가산점 제도는 여성이나 장애인을 차별하는 것이 되어 그들에 대한 평등권, 공무담임권(공적 업무를 맡을 수 있는 참정권)을 침해해 위헌이라고 결정한 것이지요.

법으로는 범죄를
어떻게 처벌할까요

'법'이라고 하면 가장 많이 떠올리는 것은 아마도 범죄자를 처벌하는 법, 즉 '형법'일 것입니다. 사람을 처벌하는 법인 만큼 엄격하고 무서운 법처럼 느껴지지만, 실제로 살펴보면 꼭 그렇지만도 않습니다. 국가는 형법에 규정된 범죄만을 처벌할 수 있고, 법에 없는 내용으로는 처벌할 수 없습니다. 그리고 범죄마다 최대 어느 정도까지 처벌할 수 있는지를 정해서, 가벼운 잘못에 터무니없이 큰 형벌이 내려지는 일을 막기도 하지요. 이는 형법 체계에서 가장 중요한 개념인 '죄형법정주의'와 큰 관련이 있습니다. 그럼 이제부터 형법이 어떤 법이고, 이와 관련해 무엇을 알아두면 좋은지 살펴보겠습니다.

나쁜 짓이라고
모두 범죄는 아니에요

우리는 일상에서 흔히 어떤 행위에 대한 가치판단을 자주 내립니다. '그건 좋은 일이야.' 혹은 '그건 나쁜 짓이야.' 하는 식으로요. 하지만 우리가 보통 '나쁜 짓'이라고 할 때, 윤리적으로 나쁜 행위이기는 하지만, 그것이 법률을 위반하지는 않은 것일 수도 있습니다. 예를 들어 단순히 어떤 친구를 시기 질투하면서 다른 친구들과 함께 따돌린다면 이는 윤리적으로 나쁜 경우이지만, 어떠한 법률을 위반한 것은 아닙니다.

그런데 만일 친구를 시기 질투한 나머지 그 친구를 때린다면 이는 법을 위반한 법률상 범법행위가 됩니다. 우리나라 형법 제260조 제1항에는 "사람의 신체에 대하여 폭행을 가한 자는 2년 이하의 징역, 500만원 이하의 벌금, 구류 또는 과료에 처한다."라고 하여 '폭행'이라는 범죄가 규정되어 있기 때문입니다.

법이 없으면 범죄도 없어요

국가가 범죄를 저지른 사람에게 형벌을 부과할 수 있는데, 무엇이 범죄인지 예측할 수 없다면 사람들은 어떤 행동을 할 때마다 자신의 행동이 범죄가 될 수도 있다는 불안감에 사로잡혀 자유를 마음대로 누릴 수 없을 것입니다. 그렇다면 국가가 형벌을 부과할 수 있는 권한을 합리적으로 행사할 수 있도록 하고, 국민이 국가로부터 부당하게 형벌을 받는 일이 없도록 하기 위한 출발점은 무엇일까요? 바로 무엇이 범죄인지, 그 범죄에 대한 형벌은 어느 정도인지를 명확하게 규정해두는 것입니다. 앞에서 형법이 무엇인지 소개하면서 짧게 이야기했지만, 이처럼 무엇이 범죄이고 그 범죄에 어떠한 형벌이 부과되는지 미리 명확하게 밝혀두어야 한다는 원칙을 '죄형법정주의'라고 합니다.

죄형법정주의는 보통 '법률이 없으면 형벌이 없다.' 또는 '법률이 없으면 범죄가 없다.'라는 격언으로 불려왔습니다. 아무리 비도덕적인 행위라 할지라도 그 행위가 법률에 범죄라고 규정되어 있지 않으면 그 행위를 범죄라고 볼 수 없어 국가가 처벌할 수 없다는 원칙입니다. 또 국가가 법률에 어떤 행위를 범죄라고 규정했어도 여기에서 그치지 않고 이를 처벌할 때도 법률에 규정된 형벌에 의해서만 처벌해야 한다는 의미도 담고 있습니다. 이는 국가가 마음대로 형벌권을 남용하지 못하도록 하여 국민의 자유를 보장하고, 법률에 의해 국가 형벌권을 통제하기 위한 원칙입니다.

죄형법정주의는 중세의 죄형전단주의에 대한 반발로 나온 것입니다. 죄형전단주의 아래에서는 범죄와 형벌이 명확하게 규정되어 있는 것이 아니라 재판관의 마음에 달려 있어서, 개인의 자유와 권리가 부당하게 침해당하기 쉬웠습니다. 중세 봉건시대나 절대왕정기에는 왕이나 영주가 국민을 탄압하기 위해 마음대로 국가의 형벌권을 행사했는데, 이에 대한 반발로 국민의 기본적 인권을 보장하기 위하여 나타난 것이 죄형법정주의입니다.

역사적으로 죄형법정주의는 13세기 영국의 마그나 카르타에서 최초로 명문화되어 나타나고, 그 후 17세기에 이르러 권리청원과 권리장전으로 확립되었습니다. 그리고 이후 미국의 건국헌법에 규정되며 현대 형사법의 대원칙으로 자리 잡았습니다.

마그나 카르타는 라틴어로 '크다'는 의미의 '마그나(magna)'와 '문서'라는 의미의 '카르타(carta)'를 합해서 만들어진 단어로, 보통 '대헌장'이라고 번역됩니다. 앞에서도 한번 살펴봤지만, 마그나 카르타는 영국의 국왕과 귀족이 서로 대립하는 상황에서 귀족들이 국왕의 권한을 제한하기 위해 만든 것입니다. 그러나 이후에 이는 귀족에게만 한 약속이 아니라 국민 전체에게 한 약속으로 확대 해석되어 일반 국민의 권리로 인정받지요. 세계 최초로 죄형법정주의를 문서화한 마그나 카르타 제39절의 내용은 다음과 같습니다.

마그나 카르타 제39절
자유민은 누구를 막론하고 자기와 같은 신분의 동료에 의한 합법적 재판 또는 국법에 의하지 않는 한 체포, 감금, 점유 침탈, 법익 박탈, 추방 또는 그 외의 어떠한 방법에 의하여서도 자유가 침해되지 아니하며, 또 짐 스스로가 자유민에게 개입되거나 또는 관헌을 파견하지 아니한다.

마그나 카르타 초판인 1215년판 마그나 카르타의 제39절은 오늘날까지 인류의 자유를 강하게 대변하는 구절로 평가받습니다. 이처럼 죄형법정주의의 효시가 된 마그나 카르타는 서구 헌법의 기초를 세웠다고 평가받고, 미국독립선언문도 마그나 카르타를 참고하여 작성되었다고 합니다. 미국에서는 이 마그나 카르타를 현대적 자유를 규정한 주춧돌로 생각하며, 영국에서도 영국 의회와 헌법의 기초로 중요시합니다. 왕의 절대 권력을 제어하는 권리와 자유를 향한 외침이자 법 위에는 왕도 없다는 입헌주의를 정착시킨 영국의 역사는 바로 이 마그나 카르타에서부터 출발합니다.

우리 헌법도 제12조 제1항에서 "(…)누구든지 법률에 의하지 아니하고는 체포·구속·압수·수색·심문을 받지 아니하며, 법률과 적법한 절차에 의하지 아니하고는 처벌과 보안처분 또는 강제노역을 받지 아니한다."라고 하여 형벌 등은 법률에 의하여서만 부과할 수 있다고 규정하고 있습니다.

과거의 죄를 새로 만든 법으로 처벌할 수는 없어요

세상이 발전하면서 점점 더 새롭고 복잡한 일이 많이 일어납니다. 여러분들도 학교생활을 하다 보면 부모님이나 바로 위의 선배들은 생각해 보지도 못한 일로 친구들과 갈등을 겪기도 할 것입니다.

　요즘은 많은 학생이 스마트폰을 가지고 다녀서 단톡방에서 친한 친구들끼리 모여서 다른 친구를 험담하고, 그 때문에 친구들끼리 마음에 상처를 받는 일이 자주 벌어지고 있습니다. 그래서 담임 선생님께서 "담임 선생님이 참가하지 않고 학급 친구들끼리만 단톡방을 만드는 일을 금지하자."라고 제안하셨고, 학급 회의를 통해 이 뜻을 받아들여 학급 규칙을 만든 뒤 위반 시에는 교실 청소를 일주일 동안 하기로 정했다고 가정해 봅시다.

　이 규칙은 언제부터 효력이 발생할까요? 그러한 규칙을 만든 이후에 그 규칙을 어긴 친구에 대해 벌칙을 부과할 수 있을 것이지만, 규칙이 만들어지기 이전에 그 규칙을 어겼을 때에도 벌칙을 부과할 수 있을까요? 나중에 만들어진 규칙으로 이전에 잘못한 일을 처벌한다는 게 어쩐지 좀 불합리하게 느껴지지 않나요? 이처럼 어떤 규칙을 만들어 벌칙이나 불이익한 처분을 줄 때는 그러한 규칙을 만들기 전의 행위에 대해서는 불이익을 줄 수 없도록 하는 대원칙이 있습니다. 우리 헌법도 제13조에서 다음과 같이 규정하고 있지요.

헌법 제13조
① 모든 국민은 행위 시의 법률에 의하여 범죄를 구성하지 아니하는 행위로 소추되지 아니하며, 동일한 범죄에 대하여 거듭 처벌받지 아니한다.
② 모든 국민은 소급입법에 의하여 참정권의 제한을 받거나 재산권을 박탈당하지 아니한다.

여기서 '소급'이라는 말은 '과거에까지 거슬러 올라가서 미치게 함'이라는 의미입니다. 법에서 소급효라는 말은 '법률의 효력이 법률이 시행되기 전 또는 법률 요건이 성립되기 전으로 거슬러 올라가 생기는 일'을 말하지요. 즉 어떠한 법률을 만들어 국민에게 불이익을 줄 때는 그러한 법률이 만들어져 시행된 이후에만 효력이 있도록 하고 있습니다.

세상이 복잡하게 변해가면서 남에게 해를 끼치는 방법도 날로 교묘해지고 복잡해집니다. 과거에는 상상하기 어려웠던 새로운 범죄도 늘어나고 있지요. 그리고 죄형법정주의 원칙상 신종 범죄를 처벌하기 위해서는 새로운 법률 조항을 만들어야 합니다. 하지만 신종 범죄를 처벌하기 위해 새로운 법률을 만들어도 그 새로운 법률이 시행된 이후에 행해진 범죄만을 처벌할 수 있습니다.

영국의 마그나 카르타 이후 1789년 프랑스 혁명에서 선언된 '인간과 시민의 권리선언' 제8조에서는 "누구든지 행위 이전에 제정·공포되고 또한 적법하게 적용된 법률에 의하지 아니하고는 처벌되지 아니한다."라고 하여 한층 발전된 죄형법정주의를 담고 있습니다. 법에 의해 처벌한다는 원칙이 있어도, 행위가 벌어질 때는 법이 없었다가 나중에야 법이 생겨 이전의 행위를 처벌하는 것은 매우 불합리하겠지요. 이 선언에서는 법이 만들어지기 이전의 행위를 처벌할 수 없도록 규정해 한층 발전된 죄형법정주의라고 할 수 있는 것이지요.

행위 시에 범죄가 아니었던 행위에 대해 이후 새로 법을 만들어 처벌할 수 없다는 원칙을 '형벌 불소급의 원칙'이라고 합니다. 우리 형법 제1조 제

1항은 "범죄의 성립과 처벌은 행위 시의 법률에 의한다."라고 규정하여 헌법 제13조 제1항의 원칙을 다시 한번 더 확인해주고 있지요.

사람을 때리면 무조건 죄가 될까요

　우리 법에서는 사람을 때리는 행위를 폭행죄로 규정하고 있습니다. 그래서 사람을 때리면 폭행죄가 성립되지요. 그런데 사람을 때리면 무조건 폭행죄라는 범죄가 성립하는 것일까요? 예를 들어 영희가 옥자를 때렸다면 '때리는' 행위는 법에 폭행죄라고 규정되어 있으니 폭행죄라는 범죄가 성립할 것처럼 보이지요. 하지만 만약 옥자가 먼저 영희를 때려서, 영희가 이를 방어하기 위해 어쩔 수 없이 옥자를 때렸다면 어떨까요? 혹은 옥자를 때린 영희가 5살짜리 아이라면? 그래도 폭행죄가 성립할까요?

　이와 같은 의문에 대해 법학자들은 어떤 경우에 범죄가 성립하는지 여러 가지로 이론을 세우며 연구했습니다. 우리의 통념상 어떤 경우에는 범죄로 처벌하는 것이 부당한 경우가 있기 때문이지요. 그래서 법을 연구하는 학자들은 범죄가 성립하려면 일정한 요건이 충족되어야 한다고 보았습니다. 범죄에 해당하는 행위가 실제로 일어나고, 그 행위가 정당화될 수 있는 다른 사유가 없어야 하며, 범죄자가 자신의 행위에 책임을 질 수 있어야 한다는 것이지요. 이렇게 세 가지 요건을 모두 갖추어야 범죄가 성립된다고 보는 이유는 국가의 자의적인 형벌권 행사로부터 국민들을 보호하기 위함입니다. 그 조건을 하나씩 살펴보겠습니다.

법에서 정한 범죄 행위가 실제로 이루어졌는가

죄형법정주의에 대해 설명할 때 어떠한 행위가 사회적으로 해를 끼치고 비난받아 마땅하다 하더라도 법률에 그 행위가 범죄라고 규정되어 있을 때 한하여 처벌할 수 있다고 했습니다. 이처럼 어떤 행위가 법에서 범죄로 규정하고 있는 요건에 해당할 때, 그 행위가 '범죄의 구성요건에 해당한다.'라고 말합니다.

예를 들어 우리나라 형법 제260조에는 "사람의 신체에 대하여 폭행을 가한 자는 2년 이하의 징역에 처한다."라고 규정하고 있습니다. 여기서 '사람의 신체에 대해 폭행을 가하는 것'이 바로 폭행죄의 구성요건입니다. 따라서 사람이 아니라 동물을 폭행하는 것은 폭행죄의 구성요건에 해당되지 않습니다(물론 이는 폭행죄가 아닐 뿐, 다른 범죄의 구성요건을 충족합니다. 여전히 해서는 안 되는 행위이지요). 그리고 사람의 신체를 폭행, 즉 물리적으로 때리는 것이 아니라 사람의 신체를 업신여기는 말을 한 경우에는 폭행죄의 구성요건에 해당되지 않습니다. 경우에 따라 모욕죄가 될 수는 있지만요.

잘못된 행위가 정당화될 수 있는 이유가 있는가

사람의 신체를 폭행했다면 더 말할 것도 없이 위법한 행위입니다. 그래서 일단 구성요건에 해당하는 행위가 일어나면 바로 위법한 것으로 봅니다. 사람을 때리거나 다른 사람이 가진 물건을 빼앗았다면 당연히 법률을 위반하는 것이니까요.

그런데 만일 어떤 사람이 다른 사람을 때렸는데, 그 다른 사람이 아무런 죄 없는 남이 아니라 자신을 위협하는 강도였다면 어떨까요? 강도로부터 자신을 지키기 위해 폭행을 가한 경우에도 폭행죄가 성립한다고 하면 뭔가 불합리하다는 생각이 들지 않나요? 이럴 때 바로 '정당방위'가 등장합니다. 여기서 잠깐 우리 형법을 보겠습니다.

형법 제21조 [정당방위]
① 현재의 부당한 침해로부터 자기 또는 타인의 법익을 방위하기 위하여
한 행위는 상당한 이유가 있는 경우에는 벌하지 아니한다.

가만히 있는 사람을 때린 것이 아니라, 자신을 위협하는 강도를 때렸다면 '정당방위'로 위법성이 없어집니다. 법적인 용어로 표현하면, 자신을 지키기 위해 강도를 때릴 경우 폭행죄의 구성요건에는 해당하지만 위법성이 없어 범죄가 성립하지 않지요. 그래서 정당방위와 같은 경우를 '위법성 조각 사유'라고 부릅니다. 여기서 조각이라는 말은 막힐 조(阻), 물리칠 각

(卻)을 사용한 말로 '방해하거나 물리치다'라는 뜻입니다. 쉽게 말해 위법성을 제거하는 사유라는 의미이지요. 이러한 위법성 조각 사유에는 정당방위 외에도 긴급피난과 자구행위가 있어요.

운전을 하다가 갑자기 도로에 뛰어던 사람을 다치지 않도록 하기 위해 자동차 핸들을 꺾어 남의 차를 파손했다고 가정해봅시다. 남의 자동차를 고의로 파손한 것이지만, 사람의 생명이라는 자동차보다 더 높은 가치를 보호한 것이니 자동차 파손을 이유로 처벌할 수 없겠지요? 이러한 경우가 바로 긴급피난에 해당되어 위법성이 조각되는 경우입니다.

또 몇 달 전 내 귀중품을 훔친 절도범이 나의 귀중품을 가지고 밀항을 하려는 현장을 발견했다고 생각해 봅시다. 경찰에 신고하여 절도범을 잡기에는 너무도 시급한 상황이라 내가 직접 절도범을 때려 잡았다면 어떨까요? 이런 경우에는 경찰도 아닌 일반인인 내가 절도범을 때려 잡았다고 해서 처벌 받지 않습니다. 자구행위로 위법성 조각 사유에 해당하기 때문입니다.

범죄를 저지른 사람이 자기 행동에 책임을 질 수 있는가

위에서 설명한 것처럼 스스로를 지키기 위해 강도를 때린 것이 아니라, 별다른 정당한 이유 없이 일반인을 때렸다면 폭행죄의 구성요건에도 해당하고 위법함이 분명합니다. 그런데 만약 남을 때린 사람이 이제 막 다섯 살 난 유치원생이라면 어떨까요? 아직 한참 어린 유치원생이 친구를 때렸다고 폭행죄가 성립한다고 하면 너무 상식과 동떨어졌다고 생각되지 않나요? 또 자신의 행동을 통제할 수 없을 정도로 심한 정신병을 앓고 있는 환자가 누군가를 때렸다면 어떨까요?

자신의 행위가 어떠한 의미인지 생각할 수 없을 정도로 나이가 어리거나 자신의 행동을 통제할 수 없을 정도로 심한 정신병을 앓고 있는 사람이 남을 때렸을 때, 일반인과 똑같이 폭행죄로 처벌하면 아무리 법이라도 너무 엄격하다는 생각이 들지 않나요? 그래서 우리 형법은 다음과 같은 규정을 두고 있습니다.

형법 제9조 [형사미성년자]
14세되지 아니한 자의 행위는 벌하지 아니한다.

제10조 [심신장애인]
① 심신장애로 인하여 사물을 변별할 능력이 없거나 의사를 결정할 능력이 없는 자의 행위는 벌하지 아니한다.
② 심신장애로 인하여 전항의 능력이 미약한 자의 행위는 형을 감경할 수 있다.

범죄를 처벌할 때는 범죄를 저지른 사람에게 그 책임을 물을 수 있어야 합니다. 여기서 '책임'이란 합법적으로 행동할 수 있었음에도 위법을 저지른 데 대한 비난 가능성을 뜻합니다. 근대 이후의 형법은 '책임 없으면 형벌도 없다.'라는 원칙을 대전제로, 어떤 행위가 아무리 중대한 결과를 가져왔더라도 행위자에게 비난 가능성이 없으면 처벌하지 않는 것을 원칙으로 합니다. 아직 어리거나 심신장애로 인해 스스로를 통제할 수 없는 사람이라면 위법한 행위를 해도 똑같이 비난하기는 어려우니까요.

위의 사례에서 다섯 살짜리 유치원생의 행위는 폭행죄의 구성요건에도 해당하고 위법성도 있지만 너무 어려서 비난받을 책임이 없다고 할 수 있습니다. 이처럼 어떤 사람이 범죄 구성요건에 해당하고 위법한 행위를 하더라도, 우리 법에서 정한 나이에 따라 나이가 만 14세 미만일 경우에는 형사미성년자로서 '책임성'이 없다고 합니다. 법률 용어로 말하자면, 만 14세 미만의 미성년자의 행위는 '책임 조각 사유'에 해당하여 범죄가 성립하지 않는다고 하지요. 결국 유치원생이 사람을 때린 경우 폭행죄의 구성요건에 해당하고 위법한 행위이지만, 책임 조각 사유에 해당하여 책임성이 없어 범죄가 성립하지 않습니다.

그런데 만 14세 미만 미성년자의 행위는 책임 조각 사유에 해당하여 범죄가 성립하지 않으니 어떤 행위를 하더라도 아무런 처벌을 받지 않게 될까요? 이에 대해서는 다음에서 좀 더 자세하게 살펴보겠습니다.

형사미성년자가 범죄를 저지르면 어떻게 될까요

위에서 설명한 것처럼 만 14세 미만 형사미성년자가 범죄의 구성요건에 해당하는 행위를 하더라도 책임성이 없어서 범죄가 성립하지 않는다고 했습니다. 그렇다면 아무런 처벌도 받지 않는 것일까요? 결론부터 말하면 꼭 그렇지는 않습니다.

우리 법에서는 형법에 저촉(법률이나 규칙에 위반되거나 어긋남)되는 행위를 했으나, 범행 당시 만 10세 이상 만 14세 미만의 미성년자였다면 가정법원의 처분에 따라 보호처분을 할 수 있도록 규정되어 있습니다. 이때 '형벌 법령에 저촉되는 행위를 한 10세 이상 14세 미만인 소년'을 촉법 소년이라고 부릅니다. 촉법 소년은 형사 미성년자이기에 범죄의 구성요건에 해당하는 행위를 하더라도 형사 책임능력이 없어 범죄가 성립되지 않아 형벌을 받는 것은 아니지만, 가정법원의 처분에 따른 보호처분을 받을 수는 있습니다.

소년법 제32조 [보호처분의 결정]

소년부 판사는 심리 결과 보호처분을 할 필요가 있다고 인정하면 결정으로써 다음 각 호의 어느 하나에 해당하는 처분을 하여야 한다.

1. 보호자 또는 보호자를 대신하여 소년을 보호할 수 있는 자에게 감호 위탁

2. 수강명령

3. 사회봉사명령

4. 보호관찰관의 단기보호관찰

5. 보호관찰관의 장기보호관찰

6. 「아동복지법」에 따른 아동복지시설이나 그 밖의 소년보호시설에 감호
   위탁

7. 병원, 요양소 또는 「보호소년 등의 처우에 관한 법률」에 따른 소년의
   료보호시설에 위탁

8. 1개월 이내의 소년원 송치

9. 단기 소년원 송치

10. 장기 소년원 송치

　보호처분에는 여러 가지가 있는데, 소년원에 보내지거나 사회봉사 명령을 받는 것이 이에 해당합니다. 나이가 어린 소년의 경우 자신의 행위가 어떤 의미를 가지는지 제대로 변별할 지능이 부족하다고 보아, 범죄를 저지른 것으로 보지 않고 적정한 보호처분을 받게 될 수 있는 것이지요.

실수를 해도
벌을 받아야 하나요

우리는 이미 죄형법정주의에 대해 살펴보았습니다. 이에 따르면 아무리 도덕적으로 비난 받을 짓이라고 해도, 법이 그 행위를 범죄라고 규정하지 않으면 범죄로 볼 수 없다고 했지요.

그런데 범죄라고 하면 대부분 일부러 어떠한 행위를 한 것입니다. 화가 나서 일부러 친구를 때린 경우가 그렇지요. 하지만 일부러 친구를 때린 경우가 아니라 장난을 치다가 우연히 친구의 얼굴을 때린 경우에도 폭행죄로 처벌받아야 할까요?

형법은 원칙적으로 고의로 잘못한 경우만 처벌해요

실수로 잘못을 저질렀을 때, 그 실수를 법에서는 '과실(過失)'이라고 합니다. 충분히 주의를 기울이지 못해 그로 인해 일어날 수 있는 결과를 예측하지 못한 경우를 말하지요. 어려운 말로는 '주의 의무를 위반했다.'라고 말합니다. 반면 일부러 어떤 행위를 했을 때 우리는 '고의(故意)'로 무엇인가를 저질렀다고 말합니다. 조금 더 쉽게 표현해볼까요? 일부러 친구를 때린 경우는 '고의'로 폭행을 한 경우이고, 실수로 때린 경우는 '과실'로 폭행을 한 경우입니다.

친구가 일부러 나의 얼굴을 때렸다면 몹시 불쾌하겠지만, 장난을 치다가 실수로 내 얼굴을 때렸다면 서로 미안하다고 하고 그냥 지나가는 게 보통입니다. 법에서도 그러한 현실을 반영하여 '고의'로 폭행한 경우만을 범죄로 보고 '과실'로 폭행한 경우는 범죄로 규정하고 있지 않습니다. 그렇다고 과실을 전혀 처벌하지 않는다는 건 아니에요. 아주 중대한 과실이라고 생각되는 행위는 법에서 따로 규정하여 과실이라도 처벌하고 있거든요. 그렇다면 실수로 한 행위를 범죄로 규정하는 경우는 어떠한 경우가 있을까요?

자동차를 운전하다가 부주의로 걸어가던 사람을 다치게 한 경우와 주차되어 있는 다른 차를 부순 경우를 비교해 봅시다. 상식적으로 생각해 보아도 실수로 사람을 다치게 한 경우와 실수로 남의 물건(자동차)을 상하게 한 경우는 달리 취급해야 하지 않을까요? 그래서 실수로 남의 차를 부순 경우는 범죄로 취급되지 않아 돈으로 손해를 배상해 주어야 하는 민사상의 책임만 지게 됩니다. 반면 실수로 사람을 다치게 한 경우에는 형사적으로도 과실치상죄라는 범죄가 성립해 형사재판에서 형벌을 선고받을 수도 있고, 동시에 민사적으로도 손해배상책임을 질 수 있습니다.

이렇게 과실을 처벌하는 경우는 아주 예외적입니다. 실수로 사람을 다치게 하는 과실치상죄, 실수로 사람을 죽게 만드는 과실치사죄, 실수로 불을 내는 실화죄, 실수로 물이 넘치게 하여 위험을 초래하는 과실일수죄가 그 예입니다.

고의로 남의 물건을 망가뜨리면 '손괴죄'라고 하는 범죄가 성립하는데, 실수로 남의 물건을 망가뜨렸을 때의 범죄인 '과실 손괴죄'는 존재하지 않습니다. 물건이 망가진 것뿐이니 그 손해를 돈으로 물어주어야 하는 민사상 손해배상 책임이 있을 뿐이지요. 그런데 실수로 물이나 불을 잘못 다룬 경우에는 많은 사람이 죽거나 다치는 등 공공의 위험을 초래할 수 있기 때문에 특별히 과실에 대해서도 범죄로 규정해둔 것입니다.

사람이 죽을지도 모른다고 생각하면서 실수를 저질렀다면

고의와 과실의 정의를 살펴보면 이 두 가지가 명확하게 나누어지는 것처럼 보입니다. '일부러' 하는 행위와 '실수로' 하는 행위는 엄연히 다르니까요. 하지만 우리는 일상생활에서 고의와 과실의 중간에 해당하는 애매한 경우를 생각해 볼 수 있습니다. 예를 들어 철수가 화가 나서 고층 아파트에서 창밖으로 물건을 던졌는데 지나가던 사람이 그 물건을 머리에 맞고 죽었다면 철수는 살인죄일까요, 과실치사죄일까요?

얼핏 생각하면 철수에게 사람을 죽일 의도는 없었고, 단지 물건을 던져서 때마침 운 없이 지나가던 사람이 다쳤으니 살인죄가 아니라 과실치사죄라고 생각할 수 있어요. 그런데 다시 가만히 생각해 보면, 철수는 고층 아파트 아래 사람들이 지나다니는 길이 있어서 물건을 던지면 사람이 맞을 수도 있다는 사실을 알고 있었을 것입니다. 그러면서도 '사람이 맞아서 죽어도 어쩔 수 없지.' 하는 생각을 했던 것은 아닐까요?

이처럼 꼭 사람을 죽이겠다는 확실한 고의는 없었지만, 사람이 죽을 수도 있는데 어쩔 수 없다고 여기고 물건을 던진 경우 약한 의미의 고의가 있다고 볼 수 있습니다. 이를 '미필적 고의'라고 하지요. 미필적 고의도 형법적으로는 고의와 같습니다. 일부러 한 일이나 다름 없다는 뜻이지요. 물론 판사가 형벌을 선고할 때 직접적인 고의보다는 미필적 고의를 덜 나쁘게 보아 형벌을 조금 약하게 선고할 수 있습니다.

최근에 양부모가 입양한 어린아이를 계속 학대하다가 결국 아이가 죽어 세상을 떠들썩하게 만든 사건이 있었습니다. 이때 양부모가 일부러 아이를 죽인 경우라면 당연히 살인죄가 성립합니다. 하지만 일부러 죽일 생각은 없었고 학대할 생각만 있었는데 아이가 예기치 않게 죽었다면 살인죄는 성립하지 않고, 과실치사죄와 유사한 아동학대치사죄가 성립합니다. 그런데 만약 '이렇게 학대하다가는 아이가 죽을 수도 있겠지.' 하는 생각을 하면서도 계속 학대하다가 아이가 죽었다면 미필적 고의에 의한 살인죄가 성립하지요.

돈을 빌리고 못 갚아도 범죄가 될 수 있을까요

우리는 앞에서 민사사건과 형사사건이 어떻게 다른지 살펴보았습니다. 민사 사건은 개인이 서로 재판을 벌이는 경우이고, 형사 사건은 검사가 범죄를 저지른 사람을 상대로 재판을 하지요. 형사사건에서 범죄의 피해자는 고소인으로서 경찰서나 검찰청에서 수사 단계에 참여하고, 형사재판에서는 범죄를 증명하는 증인 역할을 하게 됩니다.

여러분이 친구에게 돈을 빌려주었는데, 갚기로 약속한 시간이 되어도 친구가 돈을 갚지 않는다고 가정해 봅시다. 이 경우는 전형적인 민사 사건입니다. 검사가 개입할 필요가 없는 개인 간의 다툼으로, 보통은 빌려 간 돈을 돌려달라는 대여금 반환 청구 소송을 하게 되지요. 그런데 알고 보니 이 친구는 나뿐만 아니라 다른 여러 사람에게도 돈을 빌려서 갚지 않고 있었고 최근에는 전화도 받지 않고 나를 피하고 있어요. 이 경우 이 친구와 나와의 관계는 형사 관계가 될 수도 있을까요?

우리나라 형법은 제347조 제1항에서 사기죄를 규정하고 있는데, 그 내용은 이렇습니다.

형법 제347조 [사기]

① 사람을 기망하여 재물의 교부를 받거나 재산상의 이익을 취득한 자는 10년 이하의 징역 또는 2천만 원 이하의 벌금에 처한다.

돈을 빌려 간 친구에게 사기죄가 성립하려면, 사람을 속이는 '기망'이 있어야 합니다. 그래서 친구에게 돈을 갚지 않으려 한 것이 아니라, 경제적 사정이 어려워져서 돈을 갚기로 한 약속을 지키지 못한 경우에는 처음부터 속인 것이 아니라서 사기죄가 성립할 수 없습니다. 단순히 민사상 약속을 지키지 못하는 경우(이를 법률 용어로 '채무불이행'이라고 합니다)에 해당되어 민사 사건이 될 뿐이지요.

반면 돈을 빌려 갚지 못하는 친구가 약속을 지키지 못하고 있는 것이 아니라, 처음부터 돈을 갚을 생각이 없는데도 갚겠다고 거짓말을 하여 속인 경우에는 민사 사건뿐만 아니라 사기죄가 성립하여 형사 사건도 됩니다. 사기죄가 성립하면 돈을 받지 못해 피해 본 만큼의 손해를 민사상 손해배상금액으로 인정받을 수 있게 되지요.

이처럼 남의 돈을 처음부터 갚을 생각도 없이 속여서 빌린 경우와 처음에는 돈을 갚겠다고 생각하고 빌렸으나 약속을 지키지 못한 경우 중 범죄가 되는 경우는 전자의 경우입니다. 돈을 갚아야 하는 민사책임이 있는 것은 전자나 후자가 마찬가지이고요.

법에도 눈물이 있어요

형법은 '범죄에 대해 벌을 주는 법'이지요. 이렇게만 생각하면 무척 엄격하고 자비 없는 법처럼 느껴질지 모르겠네요. 하지만 형법의 대원칙이나 형이 실제로 집행되는 과정을 살펴보면 많은 부분에서 죄를 저질렀거나 저질렀다고 의심받는 사람들을 공정하고 관대하게 보아 주는 것을 알 수 있습니다.

우리는 범죄를 저질렀을 때 형사재판을 받지요. 하지만 때로는 범죄를 저지르지 않았는데도 범인으로 오해를 받기도 합니다. 이때 잘못하면 무고한 사람이 범인이 될 수 있지요. 형법에서는 이러한 상황을 방지하고자 최대한 노력합니다.

또한 사람은 누구나 한순간의 그릇된 판단으로 범죄를 저지를 수 있습니다. 가벼운 범죄라면 자신도 모르게 저지를 수도 있지요. 화가 나서 단톡방에서 친구에 대한 험담을 하다가 명예훼손죄가 될 수도 있고, 화가 나서 친구 면전에서 욕을 했다가 모욕죄가 될 수도 있어요. 그런데 범죄를 저질렀다고 무조건 그에 상응하는 형벌을 받아야 한다면 법이 너무 차갑게 느껴지지 않나요? 그래서 죄를 범한 것은 명백하지만, 여러 가지 상황을 고려하여 범죄자에게 형벌에 처하지 않고 한 번 더 기회를 주는 제도도 있답니다.

죄인 백 명을 놓치더라도 무고한 한 사람을 처벌하지 말라

어떤 범죄를 저질렀다고 의심을 받는 사람은 경찰이나 검찰에서 수사를 받게 됩니다. 이때 범죄를 저질렀다는 의심을 받아 수사받는 사람을 '피의자'라고 부릅니다. 수사 결과 피의자가 범죄를 저질렀다고 판단되면, 검사는 공소를 제기(줄여서 기소라고 부릅니다)하여 법정에 이 사람을 심판해달라고 요구합니다.

앞에서도 말했지만 죄를 저지른 사람이 언제나 수사를 받거나 기소를 당하는 것은 아닙니다. 어떤 사람은 억울하게 누명을 쓰고 피의자로 수사를 받다가 혐의가 없다고 판단되어 검사로부터 무혐의 처분을 받을 수도 있고, 피의자로 수사를 받다가 형사재판에 기소까지 되어 피고인이 된 이후에 무죄를 선고받기도 합니다. 그런데 수사 받거나 형사재판을 받는 도중에 수사기관이나 법원으로부터 죄인 취급을 받으면 무척이나 억울하겠지요? 그래서 재판에서 최종적으로 유죄라고 확정되기 전까지 피의자나 피고인은 무죄라는 전제하에 대우받아야 합니다. 이를 '무죄추정의 원칙'이라고 합니다. 우리나라 헌법에서도 이 원칙을 다음과 같이 명시하고 있지요.

헌법 제27조

④ 형사피고인은 유죄가 확정될 때까지는 무죄로 추정된다.

인권사상이 충분히 발달하지 못했던 시절에는 범죄 혐의가 있는 것만으로도 마치 범인처럼 다루어져 인권이 침해되는 경우가 빈번했습니다. 더구나 증거가 충분하지 않은데도 고문 같은 불법적인 수사로 허위 자백을 받아 억울한 사람을 유죄로 만드는 등, 무죄추정의 원칙이 발붙일 여지가 없었지요. 그러나 인권사상이 발달한 오늘날에는 설령 '백 명의 죄인을 놓치더라도 한 명의 무고한 사람을 처벌하지 말라.'는 생각에서 무죄추정의 원칙이 전 세계적으로 확립되었습니다.

UN총회에서 발표한 세계인권선언에도 무죄추정의 원칙이 나타나 있어요. 그래서 지금은 대부분의 나라에서 무죄추정의 원칙을 헌법 정신으로 인정합니다.

세계인권선언 제11조

① 모든 형사피의자는 자신의 변호에 필요한 모든 것이 보장된 공개재판에서 법률에 따라 유죄로 입증될 때까지 무죄로 추정받을 권리를 가진다.

무죄추정의 원칙은 단순히 피의자와 피고인의 인권을 존중하는 것뿐만이 아닙니다. 소송을 할 때 입증 책임의 문제와도 연관이 있어요. 무죄추정의 원칙에 따르면, 피고인은 자신의 무죄를 증명할 필요가 없고 국가가 피고인이 유죄임을 증명해야 합니다. 이는 '혐의(의심)만으로는 처벌할 수 없다.'라는 원칙을 의미합니다. 따라서 피의자를 조사할 때도 구속하지 않고 수사를 하는 것을 원칙으로 하며, 피의자 또는 피고인이 범죄를 저질렀는지를 증명해야 하는 사람은 기소자인 검사입니다. 피고인은 자신이 무죄임을 적극적으로 입증할 필요가 없지요. 결국 검사가 합리적인 의심을 넘는 정도로 피고인의 유죄를 입증하지 못할 경우에는 '의심스러울 때는 피고인에게 유리하게(라틴어로 '인 두비오 프로 레오(In dubio pro reo)'라는 말을 쓰기도 합니다)' 원칙에 따라 판사는 무죄 판결을 해야 합니다.

잘못한 사람에게도 기회를 주어야 해요

사람은 누구나 잘못을 저지를 수 있습니다. 그런데 한 번의 잘못으로 영원히 범죄자로 낙인 찍히면 그 사람의 인생은 너무나도 억울하겠지요? 죄는 미워해도 사람을 미워해서는 안 되는 것처럼, 죄를 저질렀지만 다시 한번 바르게 살 수 있도록 기회를 주는 것도 중요하지 않을까요? 그래서 만들어진 제도가 바로 기소유예, 선고유예, 집행유예와 같은 제도입니다. 뉴스와 기사에서 종종 들어봤을 수도 있겠네요. '유예'란 어떤 일을 실행하기 전에 날짜나 시간을 미루는 것을 말합니다. 기소유예와 선고유예, 집행유예는 미루는 것은 같지만, 유예의 시점이 언제이냐에 따라 이름을 달리 붙인 것입니다.

기소유예는 수사를 마친 검사가 자신의 권한으로 죄를 저질렀다고 보이는 사람을 용서하는 제도입니다. 죄는 인정되지만 범죄의 심각성, 피의자의 나이나 초범인지 여부, 피해자와의 합의 여부 등 여러 상황을 참작하여 기소하지 않고 다시 한번 성실하게 살 수 있도록 기회를 주는 것이지요. 검사가 형사 사건에 대한 심판을 요구하는 일을 '기소'라고 하는데, 기소를 하지 않고 용서해 주어서 '기소유예'라고 합니다.

선고유예는 판사가 결정합니다. 범행이 가벼울 경우 판사가 일정 기간 형의 선고를 유예하는 것이지요. 범인이 그 유예기간 동안 별다른 사고 없이 보낸다면 형의 선고를 영영 면하게 하는 제도입니다. 형의 선고유예 제도는 가벼운 죄를 범한 범인을 전과자로 낙인찍는 등의 부작용 없이 형벌의 목적을 달성하며, 사실상 유죄판결이 선고되지 않은 것과 동일한 효력을 부여하려는 제도입니다.

집행유예란 유죄를 선고하되, 형벌을 즉시 집행하지 않고 일정한 기간 동안 집행을 유예하여 집행 유예 기간 안에 또 다른 범죄를 저지르지 않는다면 선고의 효력을 잃게 하는 제도입니다. 만약 집행유예 기간 안에 다시 죄를 저질렀다면 유예는 취소되고 집행이 유예되었던 형벌이 집행되지요.

유죄인 것이 확실한데 왜 이런 선처를 베푸는 걸까요? 죄를 범한 자이지만 범죄의 정도에 따라서는 반드시 현실로 형을 집행할 필요가 없는 경우도 있기 때문입니다. 특히 충동적으로 비교적 가벼운 죄를 범한 초범자로서 깊이 반성하고 있어서 다시 범죄를 저지를 우려가 없는데도 형을 집행하면 오히려 교도소 내에서 좋지 않은 영향을 받거나 스스로 자포자기하여 정말로 나쁜 범죄인이 될 우려가 있습니다. 이러한 점을 고려하여 집행유예 제도는 널리 활용되고 있습니다. 예를 들어 "징역 3년에 집행유예 5년을 선고한다."라고 하면 징역 3년을 살아야 하지만 5년 동안 그 집행을 미룬다는 의미입니다. 집행유예 기간인 5년 동안 벌금형 이상의 죄를 짓지 않으면 징역 3년이라는 선고의 효력은 사라지게 됩니다. 그러나 형을 선고한 사실 자체가 없어지는 것은 아니기 때문에 기소유예, 선고유예와 달리 집행유예는 전과기록이 남습니다. 또 선고유예 기간은 2년으로 정해져 있지만 집행유예 기간은 법원이 그때 그때 사건별로 판사가 판결을 하면서 정합니다.

이처럼 범죄에 대해 형벌을 부과함에 있어서는 범죄마다 기계적으로 일정한 형벌이 선고되는 것이 아니라 여러 가지 요소를 고려합니다. 실제로 우리 형법에서도 형벌을 선고할 때 여러 가지 고려를 하도록 명문의 규정이 있습니다.

형법 제51조 [양형의 조건]
형을 정함에 있어서는 다음 사항을 참작하여야 한다.
1. 범인의 연령, 성행, 지능과 환경
2. 피해자에 대한 관계

3. 범행의 동기, 수단과 결과

4. 범행 후의 정황

그래서 범죄를 저지른 사람의 나이, 성행, 지능이나 환경을 고려하고, 또 범죄를 저지른 후 피해자에게 진심으로 사과하여 용서를 받았는지, 범죄를 저지른 후 진심으로 반성하고 있는지, 범행의 동기는 무엇인지 등 여러 가지를 고려하여 형벌을 선고하는 것이지요.

원고와 피고는 무슨 의미인가요?

법정 드라마나 영화를 보다 보면 '원고'라는 말과 '피고'라는 말이 자주 나옵니다. 비슷하게 들리는데 무슨 차이인지 잘 이해가 되지 않을 때가 있지요. 원고에서 '원(原)'은 '근원'을 의미하는 한자입니다. 말하자면 소송의 근원, 즉 법원에 먼저 소송을 제기한 사람을 말하지요. 피고라는 말에서 '피(被)'는 '입다, 당하다'의 의미를 지니고 있어요. '피해자'라는 말이 '해를 입은 사람'이라는 뜻인 것처럼, 피고는 '소송을 당한 사람'이라는 의미입니다.

개인끼리 다투는 민사소송에서는 먼저 소송을 제기한 사람이 원고, 소송을 당한 사람이 피고가 됩니다. 하지만 범죄를 재판하는 형사소송에서는 언제나 검사가 원고가 되고, 피고는 범죄의 혐의를 받아 검사로부터 공소 제기를 당한 사람, 즉 피고인이 피고가 됩니다.

도덕적 의무가 법적 의무가
될 수 있을까요?

　죄형법정주의는 법에 규정되어 있지 않은 범죄는 존재하지 않는다는 의미입니다. 결국 아무리 나쁜 행동을 해도 그것이 범죄에 해당한다고 법에 규정하지 않는 이상 국가가 처벌할 수 없다는 뜻이지요. 그래서 어떤 나라에서는 범죄인 행위가 다른 나라에서는 범죄가 되지 않는 경우가 생기게 마련입니다. 같은 행위라도 어떤 나라에서는 비윤리적(비도덕적)인 행위일 뿐 범죄가 되지 않고, 다른 나라에서는 비도덕적 행위이면서 동시에 범죄가 성립하기도 합니다. 그 대표적인 예가 착한 사마리아인의 법입니다.

　'착한 사마리아인'은 성서에 등장하는 일화 속 인물인데, 여기서 사마리아인은 중동의 민족 집단을 의미합니다. 유대교를 믿는 유대인과는 또 다른 민족이지요. 그래서 유대인들은 자신들과 종교가 다르고 신념도 다른 사마리아인을 멸시합니다. 이 일화에 따르면, 어떤 유대인이 예루살렘에서 여리고로 가다가 강도를 만나 큰 상처를 입고 길가에 버려졌는데, 같은 유대인인 제사장과 레위인은 못 본 척 지나가 버렸으나 사마리아인은 측은한 마음에 그를 구조해 주었습니다. 사회적으로 멸시받고 소외받던 사

• 발타자르 반코르트벰데가 그린 〈선한 사마리아인〉•

람이 사회적으로 혜택을 받고 책임을 부과받은 사람도 하지 못한 일을 한 것이지요.

지나가는 사람이 상처를 입고 길가에 버려진 사람을 구조해야 할 법적인 의무는 없다고 하더라도, 도덕적으로 인간이라면 당연히 구조해 주어야겠지요? 이처럼 도덕적인 의무를 법적인 의무로까지 규정한 법을 '착한 사마리아인의 법'이라고 합니다.

추운 겨울에 집에 가던 도중 길에서 술에 취해 쓰러져 있는 사람을 발견했다고 가정해 봅시다. 날이 너무 추워 길에서 자다가는 얼어 죽을 것 같아 깨워야 할 것 같은데, 모르는 사람에게 굳이 그럴 필요가 있을까 하는 생각에 주저할 수도 있겠지요. 그래서 그냥 모르는 척 집에 들어가 버렸습니다. 그런데 다음 날 아침, 내가 깨우지 않은 그 사람이 추위에 얼어 죽어 버렸습니다. 그러면 어젯밤에 그 사람을 깨우지 않은 데 몹시 죄책감이 들 것입니다. 이때 어젯밤에 길 앞에 쓰러져 자는 사람을 깨우지 않은 나는 형사 처벌을 받을까요?

결론부터 말하면 우리나라에서는 범죄가 되지 않아 처벌받지 않지만, 다른 나라에서는 형사처벌을 받기도 합니다.

법에 규정되지 않는 도덕규범은 강제력이 없습니다. 따라서 그 의무를 이행하지 않는다고 해서 법적으로 벌을 받지는 않습니다. 하지만 도덕규범은 강제력이 없다 보니, 당연히 지켜져야 할 일이 지켜지지 않는 경우가 많지요. 이처럼 도덕적으로 지켜져야 할 것을 법적으로 강제하고자 만든 법이 바로 착한 사마리아인의 법입니다. 자신에게 특별한 부담이나 피해가 오지 않는데도 다른 사람의 생명이나 신체에 중대한 위험이 발생하고 있음을 보고도 구조에 나서지 않는 경우를 처벌하는 것이지요. 이러한 입법의 예는 프랑스 형법에서 찾을 수 있습니다. 프랑스 형법은 "자신이나 제3자에게 별다른 위험이 따르지 않는데도 위험에 처한 사람을 돕지 않은 자는 3개월에서 5년까지의 징역 또는 360프랑에서 1만 5,000프랑까지의 벌금을 물거나, 둘 중 한 가지를 받게 된다."라고 규정하고 있습니다.

'법은 최소한의 도덕이다.'라고 합니다. 법은 우리가 지켜야 하는 도덕규범 중 가장 핵심적이고 중요한 가치를 법으로 규정하여 도덕에 없는 강제력을 부과하여 국가나 사회의 질서를 유지함을 목적으로 합니다. 착한 사마리아인의 법은 도덕규범을 법규범으로 승화시켰다는 데 의미가 있지요. 하지만 착한 사마리아인의 법처럼 도덕을 법으로 강제하는 데 신중해야 합니다. 착한 사마리아인의 법을 무분별하게 적용하게 되면 도덕적 문제가 법적인 문제가 되고, 종내에는 모든 도덕적 문제를 법적으로 강제할 수 있는 위험성이 있습니다. 그러면 개인의 자유가 침해될 위험성이 높아지겠지요.

사회적으로 문제가 된 법에는
어떤 것이 있을까요

사회가 발전하면 법도 바뀌어야 합니다. 하지만 때로는 그 속도가 일치하지 않는 경우가 있습니다. 특히 우리나라는 근현대 시기에 사회구조가 매우 크게 바뀌었는데, 복잡한 절차를 거쳐 제정 또는 개정되는 법률이 이 사회의 변화를 따라가지 못해 큰 문제가 된 경우가 많습니다. 동성동본인 사람은 결혼할 수 없도록 막았던 '동성동본금혼제도'나, 양심상 무기를 들기 거부하는 사람인데도 군대에 가야만 해서 벌어졌던 '양심적 병역 거부' 관련 사건이 대표적입니다. 어떤 문제는 법을 바꾸어 해결했지만, 어떤 문제는 여전히 사회 구성원들이 납득할 수 있을 정도로 달라지지 않아서 문제가 되기도 합니다. 이런 문제에는 어떤 것들이 있었으며, 어떻게 해결했는지 혹은 해결하지 못했다면 어떻게 바람직하게 해결할 수 있을지 알아보겠습니다.

도대체 '양심의 자유'란
무엇일까요

　우리는 종종 "나는 양심상 도저히 그렇게 못하겠다."라고 얘기하거나 "나는 체면상 도저히 그렇게 하지 못하겠다."라고 이야기하는 경우를 봅니다. 이때 '체면'이나 '양심'은 도대체 무엇일까요? "우리나라 사람들은 체면을 너무 중시하는 것이 문제이다."라거나 "우리나라 사람들은 체면 때문에 허례허식이 너무 많다."라는 이야기도 많이 합니다. 하지만 "우리나라 사람들은 양심을 너무 중시해서 문제이다."라고 하지는 않지요? 이에 비추어보면 '체면'보다는 '양심'이 좀 더 숭고한 가치라고 할 수 있겠네요.

　국어사전에서는 양심을 '사물의 가치를 변별하고 자기의 행위에 대하여 옳고 그름과 선과 악의 판단을 내리는 도덕적 의식'이라고 정의합니다. 흔히 "양심의 가책을 받는다."라고 할 때의 '양심'은 이러한 의미라고 할 수 있습니다.

　'양심수(良心囚, Prisoner of conscience)'라는 말을 들어보셨나요? 양심수

· 남아프리카 공화국 전 대통령 넬슨 만델라 ·

란 정치적 또는 사상적 신념을 지키기 위해 투옥된 사람을 말합니다. 국제 인권운동단체인 앰네스티(국제사면위원회)에서는 '폭력을 사용하지 않았음 에도 불구하고, 자신의 정치적·종교적 신념, 인종, 성별, 피부색, 언어, 성 적 지향성을 이유로 구속·수감된 모든 경우'를 양심수로 규정하고 있습니 다. 대한민국에서 양심적 병역거부로 수감된 사람들이나 남아프리카 공화 국의 전 대통령 넬슨 만델라(Nelson Mandela, 1918~2013)처럼 인종차별 반 대를 외치다가 수감되었던 이들도 양심수에 해당한다고 볼 수 있습니다.

그렇다면 법은 도대체 '양심'을 뭐라고 정의하고 있을까요? 양심을 보 호하기 위해 법은 어떻게 작동하고 있을까요? 우리 헌법 제19조는 "모든 국민은 양심의 자유를 가진다."라고 규정하고 있는데, 헌법에서 정한 양심의 자유는 현실에서 어떻게 작동하고 있을까요?

양심을 이유로 법적 의무를 거부할 수 있을까

자신의 양심에 따라 행동한다는 것은 인간이 스스로 존엄성을 지키는 행위입니다. 그래서 양심에 따라 행동하는 것이 뭐가 문제가 되냐고 생각할 수도 있지요. 하지만 사람들의 생김새가 저마다 모두 다르고 사고방식이나 행동도 전부 다른 것처럼, '양심' 역시 모두 조금씩 다릅니다. 실제로 현실에서 양심의 자유가 문제되는 경우는 소수자의 양심입니다. 소수자란 문화나 신체적 차이 때문에 사회의 주류문화에서 벗어나 있는 사람이나 집단을 말합니다.

구체적으로 예를 들자면, 사회 구성원 대부분이 동의하는 국가의 법질서나 사회의 도덕에 대해 일부 소수자들이 반대하는 주장을 펴면서 자신의 양심을 내세울 때 사회적 갈등이 생겨납니다. 이때 자신의 양심을 이유로 국가의 법질서를 어기는 소수자들을 어떻게 처벌하느냐 또는 어떻게 배려하느냐의 문제가 생기지요. 그 대표적 예가 '양심적 병역거부'입니다.

양심적 병역거부란 종교적 신념이나 양심을 이유로 병역과 집총(총을 잡는 행위)을 거부하는 행위를 말합니다. 세계적으로 많은 나라에서 국민에게 국방의 의무가 있고, 우리나라는 징병제를 실시하고 있어서 남자는 일정한 나이를 넘으면 군에 입대하게 됩니다. 이는 법적인 의무이지요. 그런데 종교적 신념에 따라 전쟁을 반대하고 군대에 입대하는 것을 거부하려는 사람들이 생겨났습니다. 하지만 우리나라의 병역법 제88조에서는 병역 의무에 응하여야 하는 사람이 정당한 사유 없이 입영하지 않을 때 3년 이하의 징역에 처하도록 규정되어 있습니다. 그런데 종교적 신념이나 양심을 이유로 입영하지 않는 경우를 정당한 사유로 보지 않아 양심적 병영거부자들은 징역형을 받아 왔습니다.

비교적 최근에 일어나기 시작한 문제라고 생각할지도 모르지만, 양심적 병역거부의 역사는 우리나라에서도 꽤 오래된 편입니다. 일제 강점기인 1939년 조선총독부 비밀문서에는 조선인 여호와의 증인 30명의 수감 기록이 남아 있습니다. 비교적 최근까지도 마찬가지였습니다. 우리나라는 병역을 거부한다는 이유로 매년 수백 명이 교도소에서 징역형을 받는 나라였습니다.

그렇다면 이러한 양심적 병역 거부에 대해 다른 나라는 어떻게 대응하고 있을까요? 러시아나 스위스를 포함한 50개 이상의 국가에서는 신념과 양심에 따른 병역거부권을 인정하여, 양심적 병역거부자를 대상으로 대체복무제를 시행하고 있습니다.

대체복무제란, 징병제를 실시하는 나라에서 개인이 종교적 이유나 평화주의 신념 등에 따라 국민이 지켜야 할 군 복무를 거부할 경우, 군 복무 대신에 공익을 위한 다른 근무를 하도록 하는 제도를 말합니다. 지금까지 우리나라는 대체복무제가 없어서 양심적 병역거부자들은 모두 징역형을 받아왔는데, 이러한 외국의 사례를 보고 우리나라의 경우도 대체복무제를 도입하자는 여론이 생기게 되었습니다.

그러던 중 헌법재판소는 2018년 "양심적 병역거부자에 대한 대체복무제를 규정하지 아니한 병역 종류 조항은 과잉금지원칙에 위배하여 양심적 병역거부자의 양심의 자유를 침해한다."라고 결정했습니다. 이에 따라 양심적 병역거부자에 대한 대체복무제가 도입되고, 군대에 입대하는 대신 다른 곳에서 대체복무를 하여 병역의 의무를 이행할 수 있는 길이 우리나라에도 열리게 되었습니다.

최근 대한민국 국방부는 양심적 병역거부자의 대부분이 여호와의 증인이라는 종교의 신자임을 이유로, 양심적 병역거부의 공식 명칭을 '종교적 신앙 등에 따른 병역거부'로 채택한다고 발표했습니다. 그리고 우리나라에서도 양심적 병역거부자들이 군에서 복무하는 대신 36개월간 교도소의 교정시설에서 합숙 근무를 하는 제도 등이 마련되었지요. 현재 대체복무자들은 교정시설에서 취사를 도맡거나 물품 반입, 배달 등 교정시설의 운영에 필요한 노동을 맡고 있습니다.

종교 때문에 자녀의 치료를 거부해도 양심의 자유일까요

어떤 종교에서는 교리상 수혈을 받을 수가 없습니다. 그래서 가족이 수혈을 받아야 하는 상황인데도 이를 거부하여 종종 문제가 되지요. 실제로 한 초등학생이 귀갓길에 교통사고를 당해 과다 출혈로 혼수상태에 빠져 긴급히 수혈을 받아야 하는 상황이었습니다. 그런데 교통사고를 당한 초등학생의 보호자인 부모는 수혈을 거부하도록 가르치는 종교를 믿고 있었습니다. 이 부모는 종교의 교리를 지켜 수혈을 거부할지, 아니면 종교의 가르침에도 자식을 살리기 위해 수혈을 받도록 허락할지 고민하다가 결국 종교의 교리를 따르기로 합니다. 자녀의 수혈을 거부한 것이지요. 당시 이 초등학생을 치료하던 담당 의사는 부모가 수혈에 동의하지 않아 환자에게 적절한 치료를 할 수 없었고, 그 때문에 교통사고를 당한 초등학생은 사망하고 말았습니다.

수혈만 했으면 죽지 않았을 상황이었는데, 수혈을 거부해 자식을 죽음에 이르게 한 부모는 종교적 신념이나 양심에 따라 행동했으니 형사처벌을 받지 않을까요? 위에서 설명한 양심적 병역거부 사례에서와 같이 이런 경우에도 종교적 양심을 내세워 자식의 수혈을 거부한 부모를 형사처벌하는 것은 양심의 자유를 침해하여 부당한 것일까요? 여러분은 이에 대해 어떻게 생각하시나요?

우리나라 대법원은 이러한 행위는 결과적으로 도움이 필요한 사람을 위험한 장소에 그냥 두고 떠난 것과 같아서 유기치사죄(자식을 방치해서 죽음이 이르게 함)에 해당한다고 판결했습니다. 자식이 적절한 치료를 받지 못하고 죽도록 방치한 부모는 종교의 자유나 정당행위, 대체 치료의 가능성 등을 주장하며 무죄를 다투었지만 결국 형사처벌을 피할 수 없었습니다. 아무리 종교적 신념으로 행동했더라도 수혈을 거부하여 자식을 죽도록 내

버려 둔 행위는 용납될 수 없는 일이지요.

사죄하라고 강요하는 것도 양심의 자유를 침해하나요

우리 사회에서 상대방에게 사과를 요구하는 일은 매우 흔합니다. 개인적 싸움에서도 상대방에게 사과하라고 요구하는 경우를 흔히 볼 수 있고, 정당이나 시민단체도 성명서를 통해 자주 상대방에게 사과하라고 요구하지요. 이런 요구를 받으면 그 순간을 모면하려 하든 진심으로 사과할 필요를 느꼈든 상대방이 사과를 하는 경우도 있지만, 전혀 사과할 마음이 없고 도대체 내가 잘못한 게 뭐가 있느냐며 요구가 부당하다고 생각할 수도 있을 것입니다.

서로 갈등하는 상황에서 사과할 마음이 없는 상대방에게 사과를 요구하는 것은 흔히 있는 일이고, 사과할 마음이 없다면 사과하지 않으면 그만입니다. 하지만 만약 그런 상황에서 한쪽이 상대방의 사과를 받아내려고 소송을 제기하고, 법원이 판결을 통해 상대방에게 사과하라고 강제하는 일은 과연 적절할까요? 국가가 사과할 마음이 없는 사람에게 사과를 강제한다면 이는 사과할 마음이 없는 사람의 양심의 자유를 침해하는 것이 아닐까요?

이런 사건이 1988년에 실제로 있었습니다. 동아일보사에서 출간하는 《여성동아》라는 잡지에 게재된 기사로 인해 한 여성 연예인이 자신의 명예가 훼손되었다고 주장했습니다. 그리고 민법 제764조를 근거로 명예훼손에 따른 손해배상과 더불어 이에 대한 사죄의 내용을 담은 광고를 게재하라고 동아일보사에 청구했지요. 민법 제764조의 내용은 다음과 같습니다.

민법 제764조 [명예훼손의 경우의 특칙]
타인의 명예를 훼손한 자에 대하여는 법원은 피해자의 청구에 의하여 손해배상에 갈음하거나 손해배상과 함께 명예회복에 적당한 처분을 명할 수 있다.

여기서 '명예회복에 적당한 처분'이란, 돈으로 배상하는 것 외에도 훼손된 명예를 회복하는 데 도움이 될 만한 적당한 행동을 의미합니다. 당시의 학설과 판례는 이 조항에서 규정한 '명예회복에 적당한 처분'의 대표적 사례로 사죄광고를 제시했습니다.

이 사건에서 법원은 원고인 여성 연예인의 청구를 받아들였습니다. 그러나 피고인 동아일보사는 법원의 판결을 받아들이지 않고, 사죄광고 명령이 양심의 자유를 침해한다고 주장했습니다. 기사 때문에 상대방의 명예가 훼손되었다고 하더라도 돈으로 배상하면 되지 마음에도 없는 사과는 할 수 없다는 것이었지요. 그리고 사죄광고를 강제하는 법원의 판결은 양심의 자유를 침해하는 것이라며 헌법소원을 제기했습니다.

언뜻 보기에는 법원의 판결에 복종하지 않고 오히려 그에 맞서는, 준법정신이 없는 주장처럼 보이지요? 하지만 헌법재판소는 동아일보사의 주

© Minseong Kim

• 세종시에 있는 공정거래위원회 •

공정거래위원회는 공정거래법에 따른
업무를 수행하며 시장의 질서를 지킵니다.

장을 받아들여, "사죄광고의 강제는 (…) 우리 헌법이 보호하고자 하는 정신적 기본권의 하나인 양심의 자유의 제약이라고 보지 않을 수 없다."라고 하면서 민법 제764조의 '명예회복에 적당한 처분'에 사죄광고를 포함시키는 것은 헌법에 위반된다고 판시했습니다. 즉 사죄할 마음이 전혀 없는 사람에게 사죄를 하라고 강제하는 것은 그 사람의 양심의 자유를 침해하는 것이라고 판단한 것입니다. 이 판결은 지금까지도 법학자들이 '양심의 자유'를 논할 때 시금석처럼 받아들여지는 기준이 되고 있습니다.

사죄광고와 법위반사실 공표는 어떻게 다른가요

사과할 마음이 없는 사람에게 국가가 사과하라고 강제하는 것은 양심의 자유를 침해합니다. 그런데 사과를 강제하는 것이 아니라 "당신이 법을 위반했다는 사실을 공표(널리 알림)하라."라고 한다면 어떨까요? 이것도 양심의 자유를 침해하는 것일까요? 결론적으로 말하면, 법을 위반한 사실을 스스로 공표하라는 명령은 양심의 자유를 침해하지 않습니다.

우리나라에는 '독점규제 및 공정거래에 관한 법률'이 있습니다. 흔히 '공정거래법'이라고 하는데, 이 법은 기업 간의 공정한 경쟁을 돕고 소비자들을 보호하기 위해 만들어졌습니다. 이 법과 관련된 구체적인 사례를 통해 '법위반사실 공표'가 무엇인지 알아보겠습니다.

우리나라에서 자동차를 끌고 다니는 사람들은 주유소에 가서 연료를 충전해야 합니다. 그런데 우리나라에서 주유소에 연료를 공급하는 회사는 단 세 곳뿐입니다. 그러면 소비자들은 어쩔 수 없이 이 세 회사의 연료를 소비할 수밖에 없지요. 이런 기업을 과점기업이라고 합니다. 우리나라의 세 석유회사는 서로 경쟁하면서 자동차 가솔린 가격을 낮추어서 소비자의 선택을 받으려 하고 있습니다. 그런데 어느 날 이 세 회사의 대표가 모여 서로 가격 경쟁을 하지 않고 서로 말을 맞추어 지금보다 비싼, 심지어 모두 같은 가격으로 연료를 공급하기로 약속했다고 가정해 봅시다. 자동차 가솔린을 사용해야 하는 국민은 어쩔 수 없이 높은 가격에 자동차 연료를 구입할 수밖에 없고, 세 석유회사는 이전보다 훨씬 높은 폭리를 취하게 되겠지요. 이러한 경우를 '가격 담합'이라고합니다. 그리고 공정거래법에서는 이를 불공정거래행위의 하나로 금지하고 있지요. 기업 간의 공정한 경쟁을 돕고 소비자들을 보호하기 위함입니다.

이 법률은 여러 번 개정되었는데, 1999년 개정된 이 법의 제27조에는 다음과 같은 내용이 있었습니다.

제27조 [시정조치]
공정거래위원회는 제26조(사업자단체의 금지행위)의 규정에 위반하는 행위가 있을 때에는 당해 사업자단체(필요한 경우 관련 구성사업자를 포함한다)에 대하여 당해 행위의 중지, 법위반사실의 공표 기타 시정을 위한 필요한 조치를 명할 수 있다.

이 규정의 내용을 간략히 정리하자면, 어떤 기업이 법을 위반했다면 국가는 그 기업에 자신의 잘못을 스스로 널리 알리라고 명령할 수 있다는 것입니다. 이 조항에 대해서도 사죄광고 강제와 마찬가지로 양심의 자유를 침해하는 것이 아니냐는 점이 다투어졌습니다.

여러분은 어떻게 생각하세요? 법원의 판결을 보기 전에, 먼저 사죄광고와 법위반사실의 공표가 어떻게 다른지 한번 생각해 볼까요? 사죄광고는 "제가 이러이러한 행동으로 법을 위반하여 죄송합니다."라고 하는 것이고, 법위반사실의 공표는 "제가 이러이러한 행동으로 법을 위반했습니다."라고 말하는 것입니다. 이 둘 사이에 어떤 차이가 있을까요? 이에 대해 헌법재판소는 다음과 같이 판결했습니다.

> 누구라도 자신이 비행을 저질렀다고 믿지 않는 자에게 본심에 반하여 사죄 내지 사과를 강요한다면 이는 윤리적 도의적 판단을 강요하는 것으로서 경우에 따라서는 양심의 자유를 침해하는 행위에 해당한다고 할 여지가 있으나, '법위반사실의 공표명령'은 법규정의 문언상으로 보아도 단순히 법위반사실 자체를 공표하라는 것일 뿐, 사죄 내지 사과하라는 의미 요소를 가지고 있지는 아니하다. 공정거래위원회의 실제 운용에 있어서도 '특정한 내용의 행위를 함으로써 공정거래법을 위반했다는 사실'을 일간지 등에 공표하라는 것이어서 단지 사실관계와 법을 위반했다는 점을 공표하라는 것이지 행위자에게 사죄 내지 사과를 요구하고 있는 것으로는 보이지 않는다. 따라서 이 사건 법률조항의 경우 사죄 내지 사과를 강

요함으로 인하여 발생하는 양심의 자유의 침해문제는 발생하지 않는다.

국가가 사과를 강요하는 것은 본심과 다르게 행동하기를 강요하는것이기 때문에 양심의 자유를 침해한다고 볼 수 있지만, 단순히 어떤 법을 위반했다는 '사실'을 공표하게 하는 것은 양심의 자유의 문제가 아니라고 판단한 것입니다. 정리하자면 잘못을 저지른 기업에게 "공정거래법을 위반하여 사죄드립니다."라는 말을 하도록 강제하는 것은 양심의 자유를 침해하지만, "제가 공정거래법을 위반한 사실이 있습니다."라고 널리 알리라고 하는 것은 양심의 자유를 침해하지는 않는다는 것입니다.

가족제도는 양성평등을
바탕으로 이루어져야 해요

여러분은 자신의 성과 본관을 잘 알고 있나요? '김해 김씨'라고 하면 김해가 본관이고 김씨가 성입니다. 성이 같으면 '동성(同姓)', 본관이 같으면 '동본(同本)'이라고 하지요. 그런데 우리나라에는 오랫동안 동성동본인 사람끼리는 결혼을 못하게 하는 풍습이 있었습니다. 조선시대 초 성리학이 도입되면서부터 생겨난 풍습이라고 하니 적어도 600년은 더 된 풍습이라고 할 수 있지요. 조선시대에는 이 동성동본금혼제가 사회질서를 유지하는 수단의 하나이기도 했습니다. 그래서 1960년부터 시행된 대한민국 민법에도 동성동본의 결혼을 금지하는 조항이 포함되었습니다.

민법 제809조 [동성혼 등의 금지]

① 동성동본인 혈족사이에서는 혼인하지 못한다.

김해 김씨 성을 가진 사람끼리 서로 사랑해서 결혼하려고 해도 우리나라에서는 혼인 신고를 받아주지 않았습니다. 국가가 혼인 신고를 받아주지 않으니, 법적인 부부가 되지 못하고 법적으로 가족이 되지도 못했지요.

1985년 통계를 보면 우리나라에 김해 김씨는 약 390만 명, 전주 이씨 238만 명, 밀양 박씨가 270만 명 정도였습니다. 조선시대에는 동성동본일 경우 대부분이 결혼이나 피로 이어져 있는 가까운 가족이었을지 몰라도, 지금은 성과 본관만 같을 뿐 생판 남인 경우가 많지요. 그래서 이제는 동성동본이라는 사실이 금혼의 기준으로 합리성을 인정받기가 어렵게 되었습니다. 또 인구가 도시로 집중되면서 가(家) 혹은 본관에 대한 관념도 차츰 희박해지고 있었고요.

이러한 흐름에 따라 1989년에 가족법을 개정하면서 동성동본금혼제를 폐지하려는 움직임이 있었지만 성균관과 같은 유림(유학을 따르는 선비) 등의 반대에 막혀 이루어지지 못했습니다. 그래서 이 제도가 헌법재판소로 가게 된 것이지요. 헌법재판소는 이 제도에 대해 어떻게 판단했을까요?

자유와 평등을 근본이념으로 하고 남녀평등의 관념이 정착되었으며 경제적으로 고도로 발달한 산업사회인 현대의 자유민주주의사회에서 동성동본금혼을 규정한 민법 제809조 제1항은 이제 사회적 타당성 내지 합리성을 상실하고 있음과 아울러 "인간으로서의 존엄과 가치 및 행복추구권"을 규정한 헌법이념 및 "개인의 존엄과 양성의 평등"에 기초한 혼인과 가족생활의 성립·유지라는 헌법규정에 정면으로 배치될 뿐 아니라 남계혈족에만 한정하여 성별에 의한 차별을 함으로써 헌법상의 평등의 원칙에도 위반되며, 또한 그 입법목적이 이제는 혼인에 관한 국민의 자유와 권리를 제한할 "사회질서"나 "공공복리"에 해당될 수 없다는 점에서 헌법 제37조 제2항에도 위반된다 할 것이다.

동성동본금혼제도가 헌법에 배치(서로 반대로 되어 어그러지거나 어긋남)된다는 결정에는 이 제도가 남녀평등에 반한다는 이유가 크게 작용했습니다. 동성동본이라면 남녀를 가리지 않고 모두의 결혼을 금지하고 있는데 왜 남녀평등 이야기가 나오는 것일까요? 이는 가부장제도의 남녀불평등과 관련이 있습니다. 유전학적인 이유로 근친혼을 금지해야 한다면 남계혈족뿐 아니라 여계혈족에게도 똑같이 문제가 되는 것인데, 이 제도는 남계혈족만을 문제 삼고 있기 때문에 양성평등에도 어긋난다는 것입니다. 즉 결혼하려는 남녀의 아버지의 성과 본이 같다는 이유로 결혼을 못하게 하면서, 어머니의 성과 본이 같은 것은 상관하지 않는 것이 지나치게 남성 중심의 사고라는 것입니다.

앞에서 헌법 제37조 제2항을 해석할 때, 어떤 법률이 기본권을 합리적으로 제한하는 수준인지, 아니면 합리적인 수준을 넘어선 기본권의 침해인지를 구별하는 기준으로 과잉금지 원칙이 있다고 보았지요. 이때 과잉금지의 원칙에 반하는지 여부는 목적의 정당성, 방법의 적정성, 피해의 최소성, 법익의 균형성의 네 가지 단계를 거쳐서 판단하고, 위 네 가지 요건을 모두 충족하여야 기본권을 합리적으로 제한하는 것이 됩니다. 그런데 위 네 가지 조건 중에 기본권을 제한하는 법률이나 제도의 목적 자체가 정당성을 상실하면, 그다음 단계인 방법의 적정성, 피해의 최소성, 법익의 균형성을 따져 볼 필요도 없이 당연히 위헌이 됩니다.

기본권을 제한하는 대부분의 법률이나 제도는 나름대로의 목적을 가지기 때문에 헌법재판에서 목적의 정당성이 부정되는 경우는 극히 드뭅니다. 그런데 헌법재판소는 동성동본금혼제도의 목적 자체가 이미 정당성을 상실했다고 판단했습니다. 유림이 받은 충격은 이만저만이 아니었겠지요?

자녀가 어머니의 성을 따를 수도 있나요

여러분은 아버지 어머니의 성 중에서 누구의 성을 따르고 있나요? 아마 대부분 아버지의 성을 따랐을 겁니다. 그런데 간혹 아버지의 성과 어머니의 성을 모두 붙여서 성이 두 글자인 경우가 있습니다. 아버지의 성과 어머니의 성을 모두 붙여 '남윤ㅇㅇ'과 같은 이름을 쓰는 경우입니다. 그리고 최근에는 부부가 결혼하여 혼인신고를 하면서 자녀의 성과 본을 어머니의 성을 따르기로 협의하여 혼인 신고를 하는 경우도 생겨나고 있습니다. 과거에는 상상도 하기 어려운 일이었지요.

2005년까지 민법에는 자녀의 성과 관련해 다음과 같은 규정이 있었습니다.

[양식 제10호]

혼 인 신 고 서						
(년 월 일)				※ 신고서 작성 시 뒷면의 작성 방법을 참고하고, 선택항목에는 '영표(○)'로 표시하기 바랍니다.		

구 분		남 편(부)			아 내(처)	
① 혼인당사자 ~ 신고인 ~	성명 한글	*(성) / (명)	㉑ 또는 서명		*(성) / (명)	㉑ 또는 서명
	한자	(성) / (명)			(성) / (명)	
	본(한자)		전화		본(한자)	전화
	출생연월일					
	*주민등록번호	-			-	
	*등록기준지					
	*주소					
② 부모 ~ 양부모 ~	부 성명					
	주민등록번호	-				
	등록기준지					
	모 성명					
	주민등록번호	-				
	등록기준지					
③ 외국방식에 의한 혼인성립일자			년 월 일			
④ 성·본의 협의	자녀의 성·본을 모의 성·본으로 하는 협의를 하였습니까?			예□아니요□		
⑤ 근친혼 여부	혼인당사자들이 8촌 이내의 혈족사이에 해당됩니까?			예□아니요□		
⑥ 기타사항						

• 자녀의 성을 선택할 수 있는 혼인신고서 양식 •

제781조 [자의 입적, 성과 본]

① 자는 부의 성과 본을 따르고 부가에 입적한다. 다만, 부가 외국인인 때에는 모의 성과 본을 따를 수 있고 모가에 입적한다.

그런데 이러한 규정이 헌법에 위반되는지 확인해 달라는 위헌제청(어떤 안건을 제시하여 결정해 달라고 청구함)이 있었습니다. 도대체 누가, 어떤 이유로 이러한 위헌제청을 신청한 것일까요? 사례를 간단히 살펴보겠습니다.

일찍 아버지를 여의고 어머니와 살던 곽○○씨는 어머니가 재혼하면서 새

아버지인 이○○씨에게 입양됩니다. 이후 곽○○씨는 새아버지의 성을 따르고자 2002년 법원에 호적 정정신청을 했으나, 당시의 민법은 위와 같이 규정되어 있었기에 성을 바꿀 방법이 없었습니다. 그래서 법원에 위 규정에 대해 위헌법률심판제청 신청을 했고, 결과적으로 헌법불합치 결정이 내려졌습니다.

헌법재판소는 민법 제781조 제1항의 "자는 부의 성과 본을 따르고" 부분이 헌법에 위반된다며 헌법불합치 결정을 내렸습니다. 하지만 불합치 결정의 이유에 대해서는 의견이 갈립니다.

재판관 중 다섯 명은 아버지의 성을 따르는 것을 원칙으로 하는 점에는 하자가 없다고 보았지만, 예외적인 경우에도 아버지의 성을 강제하는 것이 문제라고 보았습니다. 태어난 자식에게 성을 부여할 당시 아버지가 이미 사망했거나 부모가 이혼해 어머니가 단독으로 아이를 양육해야 하는 경우에도 어머니 성을 사용할 수 없도록 하는 것은 개인의 존엄과 양성평등을 침해한다고 본 것이지요. 다시 말해 예외를 두지 않은 것이 잘못이지만 원칙적으로 아버지 성을 쓰는 것은 문제가 없다는 입장이었습니다.

하지만 재판관 중 두 명은 원칙적으로 부성주의를 취하는 것 그 자체가 헌법에 반한다고 보았습니다. 부성주의를 원칙으로 하는 것만으로 위헌이지만 법적 공백과 혼란 방지를 위해 헌법불합치를 선고하여 새로 법을 만들 때까지는 기존 법을 잠정적으로 적용해야 한다는 입장(위헌판결이 나면 해당 법률은 바로 효력을 잃습니다)입니다. 이 두 재판관은 아버지와 아들을 가족의 중심에 두고 어머니와 딸을 부수적이고 하등한 지위에 놓아 여성을 차별하고 있다고 보았고, 그 차별에 합리적인 이유도 발견할 수 없다고 지적했습니다. 결국 개인의 자유와 양성의 평등이 보편적으로 받아들여지고 실질적으로 실현되고 있는 오늘날 사회상에 비추어 볼 때 부성주의 강제는 우리의 생활양식과 의식구조와도 부합하지 않는다는 것입니다.

결국은 다수인 재판관 다섯 명이 취한 "원칙적으로 부성주의를 취한 것은 문제가 없으나 예외적인 사정을 고려하지 않은 것은 잘못"이라는 의견이 헌법재판소의 최종 결정으로 마무리되었습니다. 그러나 이후 개정된 민법은 헌법재판소의 최종 결론에서 한 발 더 나아가 부모가 합의한 경우에는 어머니의 성을 따를 수 있도록 다음과 같이 개정되었습니다.

제781조 [자의 성과 본]
① 자는 부의 성과 본을 따른다. 다만, 부모가 혼인신고시 모의 성과 본을 따르기로 협의한 경우에는 모의 성과 본을 따른다.

이처럼 우리나라 민법은 헌법재판소의 결정을 통해, 그리고 국회의 새로운 입법을 통해 양성평등에 한 걸음씩 더 나아가게 되었습니다.

최근에는 아버지 성을 우선적으로 따르도록 한 개정 민법도 부당하다고 헌법소원을 제기한 부부가 있었습니다. 민법 제781조 [자의 성과 본] 제1항에서 "자는 부의 성과 본을 따른다."라고 한 부분이 양성평등에 반한다는 것입니다. 자녀가 어머니의 성을 따를 경우 혼인신고서에 그 사실을 표시하도록 되어 있는데, 그 경우에는 혼인신고서 외에도 별도의 협의서를 제출하도록 정하고 있기 때문입니다. 아버지 성을 따를 때에는 요구하지 않던 절차를 어머니 성을 따를 때에만 요구하는 것도 남성과 여성을 차별하는 조처라는 것이지요. 민법 제 781조 제1항이 "자는 부와 모 중 한쪽의 성과 본을 따른다." 정도로까지 개정되어야 한다는 주장인데, 앞으로 어찌될지 흥미롭습니다.

우리나라 정부에서는 최근 앞으로 자녀의 성을 정할 때 부모 협의로 결정할 수 있는 길을 더욱 확대하려고 하고 있습니다. 부성 또는 모성 어느 쪽이든 자유롭게 선택할 수 있도록 하고 자녀의 성을 결정하는 시점도 혼인신고가 아닌 출생신고 때로 변경하려 하고 있습니다.

법을 어겼는데도
정의로울 수 있을까요

우리나라 현행 헌법의 전문에는 "불의에 항거한 4.19민주이념을 계승하고"라는 표현이 등장합니다. 여기에서 4.19민주이념이란 4.19 혁명의 정신을 말하지요. 여러분도 4.19 혁명이라는 말을 들어본 적이 있을 거예요. 그런데 그 사건이 얼마나 중요한 의미를 가지기에 우리 헌법의 전문에 등장하게 된 것일까요?

일본이 제2차 세계대전에서 패배하고 한반도에서 물러나자, 남한에서는 1948년 총선거를 실시하여 제헌 의회가 구성되었습니다. 이들은 제헌 의회라는 이름처럼 헌법을 제정했고, 초대 대통령으로는 이승만이 취임했지요. 그러나 이승만 대통령과 그가 속해 있던 자유당은 정권을 연장하기 위해 부정한 방법으로 선거를 치렀습니다. 이에 반발한 시위가 전국적으로 확산되었고, 정부는 시위대를 향해 총을 발포하고 계엄령을 선포하는 등 강경책으로 맞섰지요. 그러나 전 국민의 항거가 계속되자 이승만 대통령은 하야(자리에서 물러남)하고 자유당 정권이 붕괴됩니다. 이를 우리는 4.19 혁명이라고 부릅니다. 한 문장으로 요약하자면, 4.19 혁명은 이승만 정부의 3.15 부정선거에 맞섰던 시위에서 시작한 대규모 반독재 투쟁이자 혁명입니다.

4.19 혁명 당시 부정선거에 분노한 시민들은 시청, 소방서, 경찰서 등을 습격하면서 격렬하게 시위했습니다. 그런데 여기서 의문이 하나 생깁니다. 성난 시민들이 시청, 소방서, 경찰서 등을 습격했는데 이들은 왜 처벌을 받지 않았을까요? 정상적인 상황에서 그랬다면 당연히 공무집행방해죄로 처벌을 받았을 텐데 처벌을 받지 않았다는 것을 어떻게 설명할 수 있을까요? 그 이유는 다음에서 설명하는 것과 같이, 국민이 저항권을 행사하고 혁명을 일으켰다고 판단되었기 때문입니다.

저항권은 자유를 지키기 위한 최후의 수단이에요

저항권이란 헌법에서 정한 기본원리가 국가권력에 의해 침해당하고 다른 합법적인 구제 수단으로는 헌법이 보호하는 가치를 회복할 수 없을 때 국민이 자기의 권리와 자유를 지키기 위해 실력으로 저항하는 권리를 말합니다. 4.19 혁명이야말로 국민이 저항권을 행사한 대표적인 예입니다. 저항권이 발동되는 경우는 이미 돌이킬 수 없을 만큼 권력이 '절대 타락'한 경우가 대부분이므로, 어쩔 수 없이 폭력적 수단도 허용된다는 것이 학자들의 시각입니다. 4.19 혁명 당시 성난 시민들이 저항권을 행사할 때에는 이미 돌이킬 수 없을 만큼 국가권력이 타락한 경우였으므로, 어쩔 수 없이 폭력적 수단을 사용할 수밖에 없는 상황이었지요.

그런데 시민들이 불만을 품고 시청, 경찰서 같은 관공서를 습격하는 일이 빈번하게 일어나고 그럴 때마다 시민들이 '나는 저항권을 행사했으니 처벌받지 않아야 한다.'라고 주장한다면, 법치주의가 제대로 실현될 수 없습니다. 그래서 4.19 혁명과 같이 그야말로 아주 예외적인 경우에만 저항권 행사를 인정해야 합니다. 그래서 학자들은 저항권 행사의 요건을 아주 엄격하게 제한합니다. 헌법 침해의 중대성, 헌법 침해의 명백성, 최후수단성이라는 세 가지 요건이 있어야 저항권이 행사되었다고 인정하는 것이지요.

헌법 침해의 중대성이란 권력 기관의 행태가 헌법 조항 한두 개를 위반하는 수준을 넘어 민주주의 법치국가의 기본질서가 부정되고 국민의 기본권을 전면적으로 부정하는 정도의 중대한 헌법 침해 상황을 말합니다. 적어도 그 정도의 중대성이 있어야 저항권 행사가 인정되지요. 4.19 혁명 당시 이승만 정권은 정권을 연장하기 위해 부정한 방법으로 선거를 치렀고, 시민들이 이에 항의하자 시민들을 무자비하게 진압했습니다. 이는 헌법 침해의 중대성이 충분히 인정되는 상황이었다고 할 수 있습니다.

두 번째 요건인 헌법 침해의 명백성이란, 위와 같은 헌법 침해행위가 민주적 기본질서를 침해함이 객관적으로 명백해야 한다는 의미입니다. 일부 사람들의 주관적인 생각에 치우쳐 함부로 저항권을 행사할 수는 없는 것이지요. 4.19 혁명 당시에는 시민을 무자비하게 진압하다가 시위하던 학생이 최루탄을 맞아 사망하는 사건도 있었습니다. 이는 누가 보아도 헌법 침해가 명백한 상황이라고 볼 수 있습니다.

마지막 세 번째 요건인 최후수단성은 헌법이나 법률 침해에 대한 구제 방법이 없거나 있더라도 실질적으로 쓸 수가 없을 때 '마지막 수단'으로 저항권을 행사해야 한다는 뜻입니다. 다른 수단이 있음에도 저항권이라는 수단을 쓰면 법적 안정성을 훼손할 수 있으니까요. 4.19 혁명 당시 3.15 부정선거에 항의하고 선거를 바로잡기 위한 합법적인 방법은 사실상 없었습니다. 그래서 저항권을 행사한 것으로 인정될 수 있습니다.

국민은 '최후의 헌법 수호자'라고 합니다. 이는 저항권 행사의 요건인 위 세 가지 요건이 충족될 때는, 헌법을 지키기 위한 가장 마지막 수단이 국민의 저항권 행사임을 말하는 것입니다.

저항권 행사는 초법규적 위법성 조각 사유예요

우리는 앞에서 형법을 공부하면서 위법성 조각 사유로서 정당방위에 대해 배웠습니다. 즉 누군가를 때려서 그 행위가 폭행죄의 범죄의 구성요건에 해당하더라도 그것이 위법성 조각 사유의 하나인 정당방위에 해당하면 범죄가 성립하지 않는다고 했습니다.

위에서 설명한 4.19 혁명 당시 시민들이 저항권을 행사할 때는 이미 돌

· 미국 독립선언서 ·

마그나 카르타에서 시작해 권리청원, 권리장전을 통해
이어진 저항권 정신은 버지니아 권리장전을 거쳐
미국 독립선언서에도 포함되었습니다.

이킬 수 없을 만큼 권력이 절대 타락한 경우였으므로, 헌법 질서를 바로 세우기 위해서는 어쩔 수 없이 폭력적 수단을 사용할 수밖에 없는 상황이었습니다. 그래서 시민들이 저항권을 행사하기 위해 사용된 폭력도 형법 상 정당방위와 유사하게 위법성 조각 사유의 하나로 보아야 하는데, 이러한 내용은 법에 규정되어 있지 않지요. 명문의 규정 없이도 위법성 조각 사유로 인정한다는 의미에서 학자들은 저항권 행사를 '초법규적 위법성 조각 사유'라고 부릅니다.

이러한 저항권 행사에 대해서는 전 세계 각국은 13세기부터 저항권에 대한 명문 규정을 두고 있었습니다. 영국은 마그나 카르타를 통해 저항권을 인정했으며, 그 이후 권리청원, 권리장전 등에서 그 의미와 내용을 다시 확인했습니다. 미국은 1776년의 버지니아 권리장전에 저항권이 규정되어 있었고, 그 내용이 같은 해 나온 독립선언으로 이어졌습니다. 미국 독립선언서에 명시된 저항권 내용은 다음과 같습니다.

모든 사람은 평등하게 창조되었으며, 창조주로부터 생명권, 자유권 그리고 행복추구권이라는 불가침의 권리를 부여받았다. 이 권리를 보장하기 위해 정부가 만들어졌고, 피지배자의 동의에서 정부의 정당한 권력이 나왔다. 어떤 형태의 정부라도 이러한 목적을 파괴할 때에는 언제라도 정부를 바꾸거나 없애고 새로운 정부를 만들 권리가 있다.

프랑스에서도 프랑스 대혁명 시기에 나온 인간과 시민의 권리선언에서 저항권을 선언했습니다. 세계 양대 시민혁명인 1775년의 미국 독립 혁명과 1789년의 프랑스 대혁명은 시민들의 저항권 행사로 성공한 대표적인 혁명입니다. 동양에서도 맹자가 주장한 역성혁명론이 곧 저항권의 행사를 의미합니다.

시민불복종이란 비폭력 저항 운동이에요

시민이 사회 문제나 정책에 적극적으로 참여하는 것을 '시민 참여'라고 합니다. 시민 참여에는 여러 방법이 있는데, 그중 정당하지 않은 법률이나 정부의 정책을 거부하는 행위를 '시민불복종'이라고 합니다. 시민 참여는 일반적으로 합법적으로 이루어지지만, 만약 법이나 정책이 정의롭지 못하고 시민의 권리를 심각하게 침해한다면 마지막 방법으로 시민불복종이라는 방법을 생각해 볼 수 있습니다. 시민불복종은 개인의 기본권을 침해하거나 정의롭지 못한 법 혹은 정책 등에 대항하기 위해 의도적이고 공개적으로 잘못된 법이나 정책을 위반하는 행위를 말합니다.

시민불복종이라는 용어는 미국의

• 헨리 데이비드 소로 •

사상가 헨리 소로(Henry David Thoreau, 1817~1862)의 《시민의 불복종》이라는 글에서 등장했습니다. 그는 옳지 못한 국가 권력에 대해서는 시민이 복종하지 않을 권리를 가진다고 주장했고, 노예제도를 지지하는 정부에 대항하여 세금 내기를 거부하기도 했습니다. 이후 그의 비폭력 저항 운동은 세계적으로 많은 시민불복종 운동에 영향을 주었습니다. 그리하여 전 세계에서는 인권을 지키기 위해 평화적인 시민불복종이 계속되고 있습니다. 마하트마 간디의 비폭력 불복종 운동, 마틴 루터 킹의 미국 흑인 인권 운동, 남아프리카 공화국의 인종차별 반대 운동, 미국에서의 베트남 전쟁 참전 반대 운동, 여성의 참정권 획득을 위한 시민운동 등은 시민불복종 운동의 대표적인 사례라고 할 수 있습니다.

하지만 정부의 정책이나 법이 마음에 들지 않는다고 사사건건 반대하는 운동을 벌인다면 법치주의가 정착될 수 없고, 법적 안정성을 심각하게 무너뜨릴 수 있습니다. 그래서 이러한 시민불복종 운동에도 일정한 요건이 갖추어져야 합니다.

시민불복종이 정당성을 가지기 위해서는 먼저 행위 목적에 정당성이 있어야 합니다. 개인이 자신만의 이익을 좇지 않고, 정의를 따르기 위해 시민불복종 방법을 선택해야 합니다. 또한 비폭력적인 방법을 사용해야 하며, 다른 사람의 기본권을 침해할 수 있는 행동을 해서는 안 됩니다. 마지막으로 행동에 따른 처벌을 감수해야 합니다. 부당한 법이라 하더라도 법질서 전체에 대한 존중심을 가져야 하며, 그 법을 어겨 처벌을 받더라도 이를 감수함으로써 사회 구성원들의 양심에 그 법의 부당성을 호소해야 합니다. 시민불복종은 정부의 정책이나 법률 등이 부당하다고 판단될 때 시민들이 이를 따르지 않고 비폭력적으로 저항하는 것이지만, 기본적으로는 인간의 기본권과 헌법의 기본질서를 보호하기 위한 행위입니다.

혁명과 쿠데타는 어떻게 다를까요?

혁명이란 피지배계급이 기존체제를 바꾸기 위해 비합법적인 방법으로 지배계급으로부터 정치권력을 획득하는 권력 교체 방식입니다. 프랑스 혁명에서는 시민 계급이 지배계급이었던 왕족과 귀족들을 처형하고 정치권력을 획득했지요. 혁명은 경제적, 사회적 정책이 바뀔 뿐만 아니라 사회체제도 근본적으로 바뀝니다.
반면 쿠데타는 '국가에 일격을 가하다'라는 라는 뜻의 프랑스어에서 유래된 말입니다. 우리말로는 군사정변이라고도 하는데, 개인이나 집단이 폭력을 행사하여 정부 당국의 지위를 비밀리에 기습적으로 탈취하는 행동을 말합니다. 얼핏 혁명과 비슷한 것처럼 느껴지지만, 피지배자인 시민이 독재나 권위주의 정권 같은 지배계급을 타도하는 혁명과는 엄연히 다릅니다. 쿠데타는 군대처럼 훈련된 지배 세력의 일부가 정권을 탈취하기 위하여 비합법적이고 무력적인 수단을 통해 기습을 감행하는 것을 가리킵니다. 이 경우는 단지 정권 담당자가 변경될 뿐, 근본적인 경제적, 사회적 정책이 바뀌지는 않습니다.
혁명은 인류 역사 발전에 있어 긍정적인 기능을 하지만, 쿠데타는 사회를 혼란에 빠뜨리고 권력 이동의 악순환을 초래하기 쉽습니다. 아프리카, 라틴 아메리카 등지에선 최근에도 혁명이란 미명하에 쿠데타가 자주 일어나 혼란을 초래하고 있습니다.

분리되었는데도
평등할 수 있을까요

민주주의가 가장 발달한 미국에서도 불과 약 150여 년 전까지 흑인 노예제도가 있었습니다. 1865년 남북전쟁이 끝나면서 흑인 노예제도가 공식적으로 폐지되었지요. 참고로 우리나라에서는 1894년 갑오개혁을 통해 신분제와 노비제도를 폐지하게 되었습니다.

하지만 공식적으로 노예제도와 신분제가 폐지되었다고 완전히 평등한 사회가 되지는 않았습니다. 미국의 남북전쟁이 북군의 승리로 돌아가 흑인 노예제도가 폐지되기는 했지만, 백인이 우월하다고 생각하는 사람들의 의식까지 모조리 바꾸기는 어려웠지요. 일부 백인우월주의자들은 KKK단이라는 조직을 만들어 백인이 다시 미국을 지배해야 한다면서 흑인들과 흑인해방에 힘쓰는 백인에게 끔찍한 테러를 일으키곤 했고, 지금까지도 KKK단과 같은 백인우월주의 사상을 지지하는 사람들이 있습니다.

혹시 '아파르트헤이트'라는 말을 들어보셨나요? 아파르트헤이트

(apartheid)는 아프리칸스어로 '분리, 격리'라는 의미인데, 1994년에 넬슨 만델라 대통령이 당선되어 남아프리카 공화국 역사 최초로 흑백 연합정부가 수립되기까지 유지된 인종차별 정책입니다. 과거 남아프리카 공화국에서는 사람을 백인, 흑인, 유색인, 인도인의 네 가지 인종 등급으로 나누고, 인종에 따라 사는 곳과 출입할 수 있는 곳에 차별을 두었습니다. 현재 아파르트헤이트는 폐지되었지만, 뿌리 깊은 인종차별 의식은 아직도 개선되지 않고 있지요.

이처럼 인류 역사에서 인종 간의 갈등 혐오, 인종차별은 끊이질 않고 있는데, 최근에는 유럽이나 미국 같은 곳에서는 아시아인에 대한 혐오가 심해져서 심각한 사회 문제가 되고 있습니다. 코로나19 바이러스가 중국에서 유래했다는 불확실한 소문 때문에 미국에서는 동양인을 대상으로 한 폭행 사건이 많이 일어났습니다. 이러한 혐오 범죄에서 보아도 알 수 있듯이 다인종 국가인 미국뿐 아니라 세계 곳곳에서 인종차별의 문제가 지금까지도 심각한 사회적 문제가 되고 있습니다.

버스 좌석에서 시작된 저항 운동도 있어요

미국에서는 동양인 혐오보다는 흑인 차별 문제가 매우 심각했습니다. 1960년대만 해도 미국에서는 '백인만 출입할 수 있음(for whites only)'이나 '흑인과 개는 사절(no blacks and dogs)' 같은 문구가 공공장소에 흔했습

· 로자 파크스와 마틴 루터 킹 ·

로자 파크스의 행동이 계기가 되어 몽고메리시에서 일어난
버스 보이콧 운동은 미국 인권 운동의 시초가 되었습니다.

니다.

이때까지 미국에서는 인종 정책에 대해 '분리하되 평등하다(separate but equal)'라는 원칙을 고수하고 있었습니다. 흑인과 백인을 공공시설에서 서로 분리한다고 하더라도, 각각의 영역에서 유사하게 대우하는 이상 평등의 원칙에 반하지 않는다는 것입니다. 그래서 흑인과 백인의 공공시설에서의 분리 정책은 공공연히 이루어졌습니다.

이 원칙에 따라 1900년부터 앨라배마주 몽고메리시에서는 인종에 따라 버스 좌석을 분리하는 조례가 시행되고 있었습니다. 버스 기사들은 백인 전용 좌석이 꽉 차면 관행적으로 흑인 승객에게 흑인 좌석에서 일어나 백인에게 양보하도록 요구했지요. 어느 날 운전기사는 백인 좌석이 가득 차 백인 남성이 서 있는 것을 보고, 흑인 여성인 로자 파크스에게 백인을 위해 자리를 양보하라고 요구했습니다. 하지만 로자 파크스가 이를 거절하자, 버스 기사는 경찰을 불렀고 로자 파크스는 당시 인종 차별법 위반 혐의로 체포되어 벌금형을 선고받았습니다. 흑인들로서는 분개할 수밖에 없는 사건이었지요.

혹시 마틴 루터 킹이라는 이름을 들어보셨나요? 정확하게 무엇을 한 사람인지는 몰라도 이름은 어디선가 들어본 적이 있을 겁니다. 마틴 루터 킹 목사는 흑인 차별 철폐 운동에 앞장선 공로로 노벨 평화상을 받은 운동가입니다. 그리고 바로 이 로자 파크스 사건에서 마틴 루터 킹 목사가 등장하지요. 흑인들은 마틴 루터 킹 목사를 중심으로 단합하여 '버스 안 타기' 운동을 전개했습니다. 흑인끼리 차를 태워 주고 웬만한 거리는 걸어 다니거나 심지어는 말을 타고 다니기까지 하면서 흑인 차별에 항의했습니다. 결국 1956년 11월 13일, 미국 연방법원은 버스에서의 인종차별이 불법이라는 선고를 내렸습니다.

아무리 동등하게 대해도 분리 정책은 위헌이에요

그렇다면 서로 동등하게 대우해 주는 대신, 흑인과 백인을 분리하여 나눈다면 어떨까요? 학교에서 제공하는 교육 수준과 선생님 등 다른 모든 게 동일하다는 전제하에서 말이지요. 그러면 평등의 원칙에 위배되지 않을까요?

미국에서는 실제로 이런 일이 일어났습니다. 과거 미국에서는 흑인이 다니는 학교와 백인이 다니는 학교가 달랐거든요. 1951년 미국 캔자스주 토피카에 살고 있던 흑인 소녀 린다는 피부색이 다르다는 이유로 집에서 가까운 학교를 놔두고 1마일(약 1.6킬로미터)이나 떨어진, 흑인만 다니는 학교를 매일 걸어서 가야 했습니다. 이에 린다의 아버지 올리브 브라운은 집에서 가까운, 백인들이 다니는 초등학교로 전학을 신청했으나 거절당합니다. 이에 분노한 올리브 브라운은 시의 교육위원회를 상대로 소송을 걸었지요.

캔자스주의 연방지방법원은 흑인학교와 백인학교가 분리만 되어 있을 뿐, 다른 요소들은 평등하다는 이유로 원고패소 판결을 내렸습니다. 하지만 그 소송은 결국 연방 대법원까지 올라가게 되었고 1954년 5월 17일, 3년간의 법정 다툼 끝에 대법원은 브라운의 손을 들어줍니다. 아무리 시설과 교육 수준이 평등하다 해도 인종을 분리하여 운영하는 것 자체가 인종차별이라고 본 것이지요. 당시 대법원장이었던 얼 워런(Earl Warren, 1891~1974)은 "공교육에서 '분리하되 평등하면 된다'는 원칙은

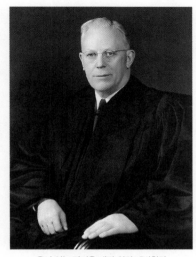

• 용기 있는 판결을 내린 워런 대법원장 •

더 이상 존재할 여지가 없다."며 "분리 교육시설은 본질적으로 불공평하다."라고 판결했습니다.

이는 미국에서 이전까지 공고하게 통용되었던 '분리하되 평등하면 된다'는 논리를 허물고 '분리하면 무조건 불평등'이라는 새로운 법리를 제시한 것이었습니다. 분리하되 다른 요소가 같으면 평등하다고 우기던 다수의 보수적인 백인들의 일그러진 양심을 향해, 일단 분리하면 무조건 불평등하다고 항변하며 판결한 워런 대법원장은 큰 용기가 필요했을 것입니다. 흑인 아동이라는 소수자의 인권 보호를 위해 미국 사회의 오랜 불문율에 과감히 맞선 워런 대법원장을 보면, 법원에서 판사가 양심에 따라 용기를 가지고 판결하는 것이 사회의 발전에 얼마나 중요한 역할을 하는지 알 수 있습니다.

브라운 판결은 100여 년 간 이어져왔던 미국 인종차별 정책인 '분리하되 평등하다'는 원칙을 폐기한 판결입니다. 그리고 원고측 브라운의 변호사인 더굿 마샬은 나중에 미국 역사상 최초의 흑인 연방 대법관이 되지요.

입법부가 만든 법률을 사법부가 무효라고
판단하면 삼권분립에 반하지 않을까요?

우리는 앞에서 프랑스 계몽사상가 몽테스키외가 1748년에《법의 정신》을 발표해 입법권, 사법권, 행정권으로 권력을 나누는 삼권분립을 처음으로 주장했으며, 그의 주장이 현대에도 강력한 영향을 미치고 있음을 보았습니다. 그런데 또 법에는 위계질서가 있어서 국민의 대표자가 모인 입법부에서 '법률'을 제정해도 그 법률이 상위법인 헌법에 반하면 그 법률은 위헌 무효가 된다고 했지요.

여기서 조금 의문이 들지 않나요? 몽테스키외가 처음 삼권분립을 주장했을 때, 입법부는 법을 만들고 행정부는 법을 집행하고 사법부는 법을 도구로 재판을 하는 곳이라고 했습니다. 그런데 사법부가 입법부가 만든 법으로 재판을 하는 것이 아니라, 입법부가 만든 법이 타당한지(헌법에 위반되는지 않는지)를 심사한다고 하면 권력분립의 정신에 반하지 않을까요? 삼권분립이라고 하면 입법부, 사법부, 행정부가 서로 대등한 지위를 가져야지, 입법부가 만든 법을 사법부가 무력화할 수 있다면 사법부가 입법부보다 더 우월한 기관이 되어 권력분립이 이루어지지 않은 것처럼 보이니까요.

입법부가 만든 법이 헌법에 위반되면 사법부는 입법부가 만든 법을 무효라고 판단할 수 있게 된 계기가 된 사건이 있습니다. 미국의 건국 초기에 있었던 〈마버리 대 매디슨(Marbury vs. Madison)〉 사건입니다. 이 사건은 법원의 법률에 대한 위헌심사, 즉 사법부가 입법부가 만든 법률이 타당한지 심사할 수 있는 권한이 있음을 인정한 기념비적인 사건으로 미국 로스쿨에서 가장 많이 다루는 기본적인 사건입니다.

재선에서 패배한 애덤스의 계책

1800년에 실시된 제3대 미국 대통령 선거에서 연방정부의 개입을 우선시하는 연방주의자였던 현직 대통령 존 애덤스(미국 제2대 대통령)는 주와 개인의 주권을 중시하는 반연방주의자 토머스 제퍼슨에 패배했습니다. 미국은 우리나라와 달리 대통령 단임제가 아니라 연임이 가능해, 현직 대통령이 한 번 더 대통령 선거에 출마하는 경우가 많습니다.

대통령 선거에서 패한 애덤스는 사법부에 자신의 사람들을 남겨 두기 위하여 퇴임 전 정권을 다음 대통령에게 이양하는 과도기를 틈타 42명의 판사를 무더기로 임명했습니다. 애덤스는 제퍼슨에게 대통령 자리를 넘기더라도 자신의 영향력을 조금이라도 더 오래 유지하고자 했던 것이지요.

당시 판사에 대한 임명장을 전달하는 책임은 국무장관에 속해 있었습니다. 애덤스가 대통령이던 시절 국무장관이었던 법률가 존 마셜(John Marshall, 1755~1835)이 선거에 패배한 애덤스에 의해 대법원장으로 긴급히 임명되면서, 급히 짐을 싸느라 시간에 쫓겨 애덤스 대통령의 임기가 끝나는 날 자정까지도 신임 판사 42명 중 윌리엄 마버리(William Marbury)를 포함한 4명의 임명장을 미처 전달하지 못하는 일이 벌어졌습니다. 새 대통령인 제퍼슨은 당연히 새로운 국무장관인 제임스 매디슨(James Madison)에게 이 임명장을 전달하지 못하게 했습니다. 전임인 애덤스 대통령의 세력이 판사가 되는 것이 당연히 달갑지 않았기 때문입니다.

그래서 임명장을 받지 못한 피해자 중 한 사람인 마버리가 대법원에 자신을 판사로 임명하도록 해달라고 당시의 신임 국무장관 제임스 매디슨을 상대로 소송을 제기합니다. 당시 미국의 법원조직법 제13조에 의하면 행정부가 해야 할 직무를 수행하지 않고 있을 때는 대법원이 직무이행명령을 내릴 수 있게 되어 있었기 때문에 지방법원을 거치지 않고 대법원에 바로 소송을 제기한 것이지요. 그래서 그 소송에 마버리 대 매디슨 사건이라는 이름이 붙었습니다.

판사 마셜이 내린 '솔로몬의 판결'

대법원장 마셜은 고민에 빠졌습니다. 가장 큰 문제는 애덤스 대통령 아래에서 그 임명장을 전달할 책임을 맡고 있었던 국무장관이 자신이었기 때문이었습니다. 마셜이 마버리의 손을 들어줄 경우, 새 정부의 대통령 제퍼슨과 새로운 국무장관 매디슨은 이를 정치적 판결로 몰며 반발할 것이고, 그렇다고 마버리의 주장을 아예 무시해버리면 대법원 스스로 법을 무시하는 것이 되어 법 수호자로서의 권위를 잃게 될 우려가 있었습니다. 그

• 제4대 미국 연방 대법원장 존 마셜 •

야말로 이러지도 저러지도 못하는 진퇴양난의 상황이었습니다.

고민 끝에 마셜이 판결을 내렸습니다. 먼저 당시 법원조직법에 따르면 대법원은 당시 국무장관인 매디슨에게 직무이행명령을 내릴 수 있다고 했습니다. 그러나 반전이 있었습니다. 당시 대법원이 행정부에게 직무이행명령을 할 수 있도록 한 법원조직법 제13조가 헌법에 위배된다고 본 것이지요. 당시 미국 헌법 제3조는 대법원이 바로 1심 사건으로 관할할 수 있는 사안을 몇 가지 정하고 있었는데, 여기에 행정부에 대한 직무이행명령은 없었습니다. 그런데 헌법에 정하지도 않은 사안을 의회가 법원조직법 제13조를 만들어 대법원 1심 사건으로 관할하게 한 것은 헌법에 위배되어 무효라고 판결했습니다.

결론적으로 마셜은 재판권이 없는 대법원이 임명장 전달명령을 내릴 수 없다고 마무리 지었습니다. 그러면서 아무리 의회가 만든 법률이라 할지라도 헌법에 위반된다고 판단되면 대법원이 무효화할 수 있다고 공언함으로써 자연스레 사법부의 위헌법률심판권을 확보한 것입니다. 솔로몬에 버금가는 마셜의 이 명판결은 사법부가 행정부에 예속되는 것을 막았을 뿐만 아니라 의회의 입법 횡포도 견제함으로써, 오늘날 사법부 우위의 미국식 삼권분립이 자리를 잡게 됩니다.

제퍼슨 대통령과 매디슨 국무장관은 이에 아무 말도 할 수 없었습니다. 전임 대통령인 제퍼슨이 임기 말에 기습적으로 임명한 판사들을 새 정부에서 임명하지 않아도 된다는데, 자신들로서는 반가운 일이었으니까요.

전 세계 사법부에 위헌심판 권한을 부여하다

이 사건을 해결하는 과정에서 미국은 새로운 사법부의 역사를 시작하게 됩니다. 이 사건을 통해 사법부가 입법부가 만든 법률(당시의 법원조직법)의 위헌성을 판단할 수 있는 권한이 있음을 모두가 인정하게 되었기 때문이지요. 이 사건을 계기로 미국 대법원은 입법부나 행정부의 행위에 대한 위

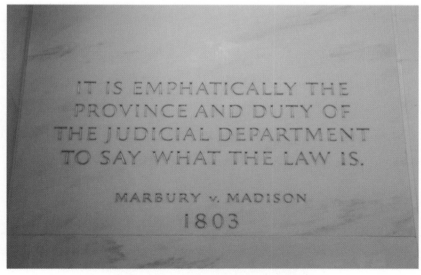

• 미국 대법원 건물에 새겨진 〈마베리 대 매디슨〉 사건 판결문 •

헌심사를 할 수 있게 되었습니다.

　그때나 지금이나 미국 헌법에는 대법원의 위헌심사권 규정이 명문으로 규정되어 있지는 않지만, 마셜 대법원장의 그 지혜로운 판결 이후 모두가 인정하는 대법원의 권한이 되었습니다. 마셜은 이 판결로 위험한 정치적 함정을 벗어날 수 있었을 뿐만 아니라 미국 사법부가 입법부와 행정부의 행위를 위헌심사를 할 수 있는 권한을 가지게 하여 미국 사법부를 반석 위에 올려놓게 되었습니다.

　미국 대법원 건물에는 대법원에 법률의 위헌 여부를 심판할 힘을 준 〈마버리 대 매디슨〉 판결문의 일부가 새겨져 있습니다.

　단언컨대 무엇이 법인지 결정하는 것은 사법부의 영역이자 의무이다.